AF384675

CAPITAINE DE VOLEURS

COMÉDIE-VAUDEVILLE EN DEUX ACTES,

PAR MM. XAVIER, DUVERT ET LAUZANNE,

Représenté pour la première fois, à Paris, sur le théâtre du Vaudeville,
le 14 novembre 1846.

DISTRIBUTION DE LA PIÈCE.

Personnages.		Acteurs.
GABRIEL BERLAUDIER..	MM.	ARNAL.
LE CHEVALIER DE CAVAILLES, maire et conseiller du roi à Brignolles...		AMANT.
RASTOUL...		LECLÈRE.
HENRI DE PORQUEROLLES................................		EUGÈNE PIERRON.
BIBICHE,		GRATT.
PIMPRENELLE, brigands..............................		BACHE.
POMME-D'APIS,		LANSEY.
UN DOMESTIQUE......................................		ROGER.
ARMANDE, nièce de Cavailles........................	Mmes	DOCHE.
URGÈLE, vieille fille au service d'Armande...................		LECOMTE.
DOMESTIQUES, BRIGANDS, ET SOLDATS DE LA MARÉCHAUSSÉE.		

La scène se passe, au premier acte, chez le chevalier de Cavailles, à Brignolles, vers 1780 ; au deuxième,
dans les gorges d'Ollioules, en Provence.

ACTE PREMIER.

Le théâtre représente un salon simplement meublé. — Au fond, au milieu, une cheminée. — De chaque
côté de la cheminée, une porte donnant sur une même antichambre. — Au premier plan, à gauche,
une table. — Au second plan, l'appartement du chevalier de Cavailles. — A droite, au premier plan,
l'appartement d'Armande. — Au deuxième plan, une fenêtre. — Fauteuils et chaises. — A la cheminée,
à gauche, est accroché un médaillon, renfermant une miniature de femme.

SCÈNE I.
RASTOUL, URGÈLE.

Au lever du rideau, Rastoul époussette les meubles. — Rastoul, costume bourgeois, bas gris, souliers de cuir jaune, perruque noire, à bourse, pas de poudre, culotte courte, bas de laine couleur café au lait. — Urgèle, costume de paysanne provençale, bonnet du pays, cheveux grisonnans.)

URGÈLE, prenant une prise.

Finissez donc, monsieur Rastoul; laissez donc là ces fauteuils... Si on vous voyait faire un pareil ouvrage, à vous, commis-greffier de la mairie de Brignolles ..

RASTOUL.

Il s'agit de vous épargner une peine, charmante

NOTA. — Toutes les indications de mise en scène sont données au point de vue du spectateur. Le premier personnage inscrit en tête des scènes tient la gauche, etc. Les changemens sont indiqués par des notes.

Urgèle. D'ailleurs, si je suis fonctionnaire public, à qui je dois-je ?

URGÈLE.

A moi, c'est vrai... Il y a huit jours vous rôdiez autour de la maison. Vous me dites que vous cherchez un emploi; que vous êtes de Fréjus; c'est mon pays; nous nous rapprochons...

RASTOUL, avec tendresse.

Je vous dis que vous avez des yeux à faire sauter une poudrière...

URGÈLE.

Votre position m'intéresse; le greffier venait de mourir; je vous présente à mon maître, le chevalier de Cavailles, qui est maire de Brignolles...

RASTOUL.

Il m'accepte pour greffier, et l'affaire est faite... Mais, ravissante Urgèle, si vous m'avez fait avoir une place, je vous en ai donné une autre...

1846

URGÈLE.

Comment ?

RASTOUL.

Dans mon cœur ! nous sommes quittes. Il s'agit, maintenant, de tirer parti de la position.

URGÈLE.

Le plus fort est fait, car M. le maire a en vous la plus entière confiance.

RASTOUL.

Vrai ?

URGÈLE.

Oui, depuis qu'il a mis votre honnêteté à l'épreuve...

AIR de Partie et Revanche.

Je vous le dis, la chose est vraie.

RASTOUL.

Mais quel moyen a-t-il tenté ?

URGÈLE.

En laissant traîner d' la monnaie,...

RASTOUL, à part.

Heureus'ment, j' m'en étais douté.
 (Haut.)
Mettre en question ma probité !
De sa part c'est un vilain acte,
Car ma probité, Dieu merci,
Est toujours demeurée intacte !...
 (A part.)
Vu qu' je n' m'en suis jamais servi.

URGÈLE, en prenant une prise de tabac.

Eh ! mon Dieu ! vous savez, on n'entend parler que de brigands, de voyageurs dévalisés... de voleurs qui s'introduisent dans les maisons les plus respectables.

RASTOUL.

A qui le dites-vous ! (Avec intérêt.) Mais, pour se méfier ainsi, le chevalier de Cavailles a donc chez lui des valeurs ?

URGÈLE.

Peut-être bien.

RASTOUL.

Il va marier sa nièce, Mlle Armande, et sans doute la dot est déjà empilée dans quelque coin ?

URGÈLE.

C'est possible. Sans compter les diamans de la grand'mère.

RASTOUL.

Corbleu !... Et je parie que vous ne savez pas où ça est !

URGÈLE.

Non ; mais qu'est-ce que ça vous fait ? Silence ! voici M. le chevalier avec le futur... Mademoiselle est sortie et ne tardera pas à rentrer ; je vais au devant d'elle. (Avec tendresse.) Adieu...
 (Elle lui offre une prise de tabac.)

RASTOUL.

Je n'en prends pas. Adieu, bichette. (Il lui envoie des baisers. — Urgèle sort à droite en prenant bruyamment une prise.) Quel vieux suisse !... (A lui-même, très préoccupé.) Elle ne sait pas où !
(Il remonte au fond, à droite, à l'entrée des autres personnages.)

SCÈNE II.

PORQUEROLLES, CAVAILLES, RASTOUL.

(Porquerolles, habit de cheval à basques carrées, élégant, de couleur ocre rouge, boutonné du bas seulement ; collet et paremens de velours noir ; gilet blanc à large srevers étalés sur l'habit ; culotte de peau ; bottes molles, à flots de rubans à la jarretière, en dehors, et de couleur assortie à la culotte ; ceinture de cuir noir verni par dessus l'habit ; pas d'épée ; cravatte noire, jabot, poudre, chapeau à cornes à ganse d'argent ; chaîne de montre. — Cavailles, habit à la française, culotte, bas blancs, gilet blanc, cravatte blanche et jabot, poudre, chaîne de montre, souliers, épée en verrou.)

CAVAILLES, en entrant, en proie à la plus vive préoccupation pendant toute la scène.

Que diable ! mon cher Porquerolles, il m'est impossible de m'occuper de deux choses à la fois !

PORQUEROLLES.

Eh bien ! occupez-vous de mon mariage avec votre nièce ; tout semblait décidé, et maintenant rien ne finit. On ne se raille pas ainsi d'un gentilhomme.

CAVAILLES, préoccupé d'une autre pensée, à part.

Quel coup de fortune, si je le prenais !...

PORQUEROLLES.

Répondez-moi du moins !

CAVAILLES, distrait.

Oui... vous êtes gentilhomme et vous faites bien... (A Rastoul.) Tiens, Rastoul, examine ces feuilles de signalement que je viens de recevoir. (Il lui remet des papiers. — Rastoul s'assied à droite et les lit. — A part.) Quel honneur pour moi, s'il venait se livrer !...

PORQUEROLLES.

Qu'est-ce à dire ?

CAVAILLES, comme se réveillant.

Ah !... oui... Je dis que vous faites bien d'être gentilhomme... Ma nièce est fière... Jamais Armande ne consentirait à se mésallier... Sur le reste, pas difficile... Elle épouserait un singe, s'il était noble...

PORQUEROLLES, un peu piqué.

Monsieur de Cavailles !...

CAVAILLES.

Pardon !... Je ne fais pas d'application... (A part.) Je ne sais quoi me dit que je réussirai... J'ai là un pressentiment...

PORQUEROLLES.

Tout cela n'est pas répondre. Il s'agit de fixer un jour pour ce mariage...

CAVAILLES.

C'est dit... Soyez donc tranquille, mon cher ami... vous épouserez Gaspard de Besse !

PORQUEROLLES.

Quoi?

CAVAILLES.

Non!... Armande!... Armande!... ma nièce... c'est que je suis si préoccupé...

PORQUEROLLES.

Vous attachez une importance à des futilités!...

CAVAILLES.

Comment! Gaspard de Besse une futilité?... Le plus grand scélérat... Un homme qui depuis trois ans fait tourner la maréchaussée en bourrique... Pardon, je ne fais pas d'application... Je respecte la maréchaussée...

RASTOUL, se levant.

Je déclare que c'est un homme de génie... dans son genre!... J'en parle sans prévention, je ne l'ai jamais vu...

CAVAILLES.

Ni moi! mais je voudrais bien le voir!...

PORQUEROLLES.

Vous seriez fort étonné... pas de tournure... un brigand vulgaire! Cet homme terrible, qu'on dit doué d'un esprit si fin et si original, je l'ai vu, moi...

RASTOUL.

Vous!

CAVAILLES.

Et vous n'avez pas eu peur!

PORQUEROLLES.

Fi donc!... Je l'ai vu... je lui ai parlé... je l'ai même tancé assez vertement... J'aspirais alors à la place d'inspecteur général des prisons. Je l'ai visité dans son cachot.

RASTOUL, avec exclamation.

Ah!... il avait alors les fers aux pieds et aux mains...

PORQUEROLLES.

Et un carcan au cou!

RASTOUL, riant.

C'est ça! ce qui ne l'a pas empêché de s'évader pour la troisième fois...

CAVAILLES.

Et vous appelez ça un brigand vulgaire!... Le gouvernement lui-même, le gouvernement qui, certes, doit s'y connaître, le regarde comme si peu vulgaire, qu'il lui offre sa grâce!

RASTOUL.

Pas possible?

PORQUEROLLES.

Sa grâce?

CAVAILLES.

Entendons-nous! car, s'il se livre, on consent à le déporter aux colonies. Une fois là, on lui fera un petit sort... proportionné à ses crimes.

PORQUEROLLES.

Comme cela se fait en Italie.

RASTOUL.

Avec la vie sauve?

CAVAILLES.

Parbleu! si c'était après l'avoir pendu, cette faveur deviendrait pour ainsi dire illusoire.

PORQUEROLLES.

Mais je ne vois pas pourquoi mon mariage avec Armande doit souffrir de tout cela...

CAVAILLES.

Mon ami! mon ami! seriez-vous bien aise d'épouser la nièce d'un homme qui n'a pas fermé l'œil depuis quinze jours? Depuis quinze jours, je ne mets au lit qu'avec un poignard à la main, et je n'ose pas m'endormir, de peur de me blesser... De plus, moi, nouvellement élu maire de Brignolles, moi, particulièrement chargé de promulguer cet édit de la clémence royale, il m'a fallu composer une proclamation, combiner mes moyens de réussite... Depuis ce matin je rédige.

RASTOUL, qui a remonté la scène et est descendu à gauche.[*]

Je le crois bien.

CAVAILLES.

Quelle gloire pour moi si je réussis à l'amener. Je serai le bienfaiteur du pays... j'en aurai purgé nos montagnes, qui ont grand besoin de cette purgation... Je serai mandé à la cour, criblé d'honneurs, sans doute... Ah! cher ami!

PORQUEROLLES.

Mais il ne se présentera pas; il s'en gardera bien! Et, pendant ce temps, mon amour...

CAVAILLES.

Porquerolles, vous voyez dans quelle agitation je suis, et vous venez me parler de votre amour... Allons, Rastoul, suis-moi, je vais te remettre ma proclamation que tu vas incontinent faire tambouriner dans les lieux les plus escarpés.

RASTOUL.

Rataplan!... (A part,) En voilà une corvée... mais nous verrons.
(Il sort par le deuxième plan à gauche.)

PORQUEROLLES.

Mais Armande... mais moi...

CAVAILLES, en sortant.

Quand Gaspard de Besse sera embarqué; d'ici là, j'ai bien d'autres chiens à fouetter que vous. (Il disparaît par le second plan à gauche, puis rouvrant la porte et se montrant.) Je ne fais pas d'application.   (Il disparaît et ferme la porte.)

SCÈNE III.

PORQUEROLLES, seul.

Que le diable emporte les imbéciles!... je fais une application, moi!... Son maudit Gaspard de Besse absorbe le peu d'intelligence qu'il a. N'est-il pas honteux, n'est-il pas humiliant de voir que

[*] Rastoul, Porquerolles, Cavailles.

le seul obstacle qui s'oppose à mon mariage soit
un voleur de grands chemins?... Cependant vivre
sans Armande m'est impossible... mes moyens ne
me le permettent pas; et un jour de retard peut
tout compromettre... Ah! si Armande voulait
me seconder, rien ne serait plus facile que de
contraindre la volonté de son oncle... Cette maison est si bien disposée pour un enlèvement...
(Montrant la gauche.) De ce côté, les bâtimens de
la mairie, avec une entrée sur la grande place...
(Montrant la droite.) De celui-ci, le logement d'Armande, s'ouvrant sur la promenade publique...
Oui, mais sa pruderie, qu'elle prend pour de la
dignité!... son orgueil de provinciale!... et puis...
les romanciers ont tant abusé des enlèvemens,
qu'on n'en veut plus dans la vie réelle; cependant, je n'y renonce pas. (Apercevant Armande.)
C'est elle!

SCÈNE IV.

**PORQUEROLLES, ARMANDE, puis BER-
LAUDIER.**

(Armande : élégant costume gris et rose; un manteau
de dentelle noire qu'elle quitte après être entrée.—
Poudre.)

ARMANDE, entrant fort agitée par la porte du fond
à droite, après s'être retournée pour regarder si on
ne la suit pas.
Encore cet homme!

PORQUEROLLES.
Quel homme?

ARMANDE.
Un étranger, un inconnu, qui depuis un an est
toujours sur mes pas.

PORQUEROLLES.
Comment!

ARMANDE.
Oui, monsieur, et aujourd'hui, tout à l'heure...
dans la rue...

PORQUEROLLES.
Dans la rue?...

ARMANDE.

AIR d'Yelva.

A mes regards, chaque fois qu'il se montre,
Ses yeux expriment la stupeur.
Pourquoi cherche-t-il ma rencontre,
Puisque mon aspect lui fait peur?
Cette frayeur me surprend... et me blesse!
Je ne conçois rien à cela :
Je ne crois pas, je le confesse,
Etre effrayante... au moins à ce point-là?

PORQUEROLLES, après l'avoir rassurée par un geste
de galanterie.
Mais quel peut être son but?

ARMANDE.
Je l'ignore, mais il m'importune... un homme
de rien. (Regardant par la fenêtre.) Ah! mon Dieu!
le voici!

PORQUEROLLES, regardant.
Encore!

ARMANDE.
Il aborde un passant... Le voyez-vous?

PORQUEROLLES.
Très bien!... il semble demander son chemin.

ARMANDE.
Il se dirige vers l'entrée de la maison!

PORQUEROLLES.
Le misérable!... Je vais...   (Il remonte.)

ARMANDE, le retenant. *
Monsieur Henri!... je connais votre bravoure...
mais songez qu'un tel éclat... un duel avec un
homme de cette espèce nous compromettrait, vous
et moi.

PORQUEROLLES.
Soyez tranquille, chère Armande; sans bruit,
sans éclat, je saurai vous en délivrer.

ARMANDE.
Mais on monte, on marche dans l'antichambre, c'est lui, sans doute.

PORQUEROLLES.
Ah! morbleu nous allons voir!
(Il sort par la porte du fond à gauche; Berlaudier entre dans le même moment par la porte du fond à
droite.)

BERLAUDIER, qui est resté au fond, apercevant Armande; elle est auprès de la table à droite et ne le
voit pas; à lui-même.
Dieu!... c'est elle!... encore elle!... Ah! fuyons!
(Il sort par la porte qu'a prise Porquerolles pour sortir; celui-ci rentre par l'autre.)

PORQUEROLLES, à Armande. **
Non! il n'y a personne...

ARMANDE.
Il se sera peut-être encore ravisé.

PORQUEROLLES.
N'importe! dussé-je le poursuivre jusqu'au
bout de la ville...
(Il sort de nouveau par la porte du fond à gauche;
Berlaudier rentre par celle du fond, à droite.)

SCÈNE V.

**ARMANDE, BERLAUDIER, en habit français
et culotte de poult de soie gris perle; gilet blanc,
cravatte blanche, jabot, bas blancs, souliers, épée en
verrou à poignée d'acier; chapeau sans plumes à
ganse d'acier; perruque blonde à bourse, pas de
chaîne de montre; le tout très simple, mais de bon
goût.**

BERLAUDIER.
Non!... il faut absolument que je m'explique.

ARMANDE, l'apercevant.
Lui!... encore!

* Porquerolles, Armande.
** Armande, Porquerolles.

AIR.

O surprise imprévue !
Le voilà !... c'est bien lui !...
Son audace assidue
Me poursuit jusqu'ici !...

BERLAUDIER.

De bonheur, à sa vue,
Tout mon cœur a frémi !...
Le destin qui me tue
Me poursuit jusqu'ici !

ARMANDE, d'un ton de hauteur.

Que demandez-vous, monsieur ?

BERLAUDIER.

Moi ?... rien... Ah! pardon... (Changeant de ton.)
M. Cavailles, s'il vous plaît ?

ARMANDE, avec ironie.

Voilà un prétexte heureusement trouvé...

BERLAUDIER.

M. Cavailles, s'il vous plaît ?
(Il met la main à sa poche, comme pour en tirer une
lettre.)

ARMANDE.

M. le chevalier de Cavailles est chez lui, monsieur...

BERLAUDIER, changeant de ton et avec résolution.

Eh bien! qu'il y reste! qu'il m'attende!... Mademoiselle, il faut que ça finisse !

ARMANDE.

Quoi, monsieur ?

BERLAUDIER.

Il faut que je sache enfin pourquoi je vous retrouve partout sur mes pas.

ARMANDE.

Il est facile de l'expliquer, monsieur, c'est que
partout vous me suivez avec une persévérance...

BERLAUDIER.

Moi ?... grand Dieu! moi, je vous suis ?...
c'est-à-dire que je vous fuis avec persévérance;
vous vous êtes trompée d'une lettre.

ARMANDE.

Alors, monsieur, il faut avouer que le hasard
nous est bien fatal.

BERLAUDIER.

Fatal, c'est le mot.

ARMANDE.

Adieu, monsieur.

BERLAUDIER, lui barrant le passage.

Pardon !

ARMANDE.

Monsieur, voulez-vous donc me contraindre à
vous écouter ?

BERLAUDIER, tranquillement.

Non... mais à m'entendre.

ARMANDE.

Mais, monsieur...

BERLAUDIER.

Je serai bref; mon but est seulement de me
justifier de ce reproche d'importunité que vous
m'adressez ; rien de plus.

ARMANDE.

Je vous écoute, mais...

BERLAUDIER.

Je serai très bref...
(Tout en parlant, il offre un siége à Armande, en prend
un autre pour lui, et s'assied.)

ARMANDE, à part.

Comment, il s'assied !
(Berlaudier se relève, prie poliment du geste Armande de s'asseoir; elle s'assied et se résigne à
l'écouter.)

BERLAUDIER, assis.

Mademoiselle, l'hiver dernier, à Paris, vous
m'apparûtes pour la première fois... C'était au
bal, chez Mme Kéradec.

ARMANDE, appuyant sur la particule.

De Kéradec !...

BERLAUDIER.

Ça ne fait rien...

ARMANDE.

Ma marraine.

BERLAUDIER.

Ça ne fait rien. Je vous vis!... je ne vis plus
que vous!... l'orchestre, le bal, les danseurs, tout
disparut à mes yeux ; je vous contemplais avec la
stupidité extatique d'un paysan bas-breton qui
regarde la machine de Marly !...

ARMANDE.

Vous m'aviez promis d'aller au fait.

BERLAUDIER.

Vous voulez le fait ?... Eh bien, le fait est que
j'étais pris !... je vous aimais !...

ARMANDE, indignée et se levant, ainsi que Berlaudier.

Monsieur !...

BERLAUDIER.

Rassurez-vous... c'est là première et c'est aussi
la dernière fois que je vous le dis... Laissez-moi
me régaler de mon audace... (Avec force). Je vous
aimais !... je vous aime !... je voudrais que ce
mot eût neuf cent quarante mille milliards de
syllabes, pour passer le reste de mes jours à le
prononcer... Malheureusement, il est court :
(Tranquillement.) Je vous aime !

ARMANDE, se levant.

C'en est assez, monsieur !

BERLAUDIER, se levant.

Je serai bref : j'osai m'approcher de vous... je
vous balbutiai timidement une invitation à dan-
ser... vous daignâtes me regarder... de la tête aux
pieds avec ce certain air... qui ne vous messied
pas... et : « Je ne danse pas ! » me répondîtes-
vous... Un instant après vous dansiez avec un autre. Très bien ! Je me retirai dans un coin pour
mieux vous contempler, vous admirer !... j'aurais
voulu avoir cent yeux, comme Argus; mais je
n'en ai que deux !... c'est peu. Tout à coup, je
fus enlevé à ma rêverie par une circonstance déplorable.

ARMANDE.

Qu'est-ce donc ?

BERLAUDIER.

J'étais placé précisément sous un immense candelabre...

ARMANDE.

Eh bien ?

BERLAUDIER, tristement.

Hélas !

AIR : Dans ce castel, dame de haut lignage,

Ce candelabre, à mes rivaux propice,
Au ridicule ainsi me désignant,
Imitait, à mon préjudice,
Feu le soleil de monsieur Pompignan ;
Car, dans sa sauvage énergie,
Ce luminaire, indigne imitateur,
Versait des torrens de bougie
Sur votre obscur admirateur !

ARMANDE, à part, en riant.

En effet !

BERLAUDIER.

Oh ! Dieu ! mademoiselle, j'avais passé dans cette maison la demi-heure la plus délicieuse... et la plus malpropre de ma vie! J'étais tigré !... On riait autour de moi ; je ne trouve pas ça bien.

ARMANDE, avec hauteur.

Et le ridicule de votre position réagit sur moi, monsieur... je me le rappelle.

BERLAUDIER.

Oh ! je lus votre indignation dans vos yeux... je compris que j'étais perdu.... et mon habit aussi... Furieux de vos dédains, je fis le serment le plus effrayant de ne plus vous revoir !

ARMANDE.

Vous n'avez guère respecté ce serment.

BERLAUDIER.

Est-ce ma faute, à moi, grand Dieu ! je vous rencontrai à l'Opéra, aux Italiens ; je vous rencontrai au Cours-la-Reine, à Versailles, à Marly ! et à chacune de ces apparitions je sentais mon déplorable amour s'augmenter; il avait acquis des proportions herculéennes !

ARMANDE.

Monsieur, il m'est impossible d'entendre...

BERLAUDIER.

Je vais parler plus haut. (Criant.) Mon amour devenait cyclopéen !

ARMANDE.

Vous ne me comprenez pas, monsieur. Je ne puis vous écouter plus long-temps, et je vais...

BERLAUDIER.

Je serai bref. Enfin, pour mon repos, par égard pour vous-même, que j'importunais sans le vouloir... car je suis un honnête garçon, mademoiselle; je puis invoquer à cet égard le témoignage d'un homme bien connu... de M. Rousseau... du célèbre M. Rousseau, de Genève, l'auteur d'*Emile*, qui m'a toujours apprécié et aimé, lui!

ARMANDE.

Je n'ai besoin d'aucune caution, monsieur.

BERLAUDIER.

Ça se trouve bien, car il est mort, il y a deux ans.

ARMANDE.

Je le sais.

BERLAUDIER.

A Ermenonville...

ARMANDE.

Je le sais...

BERLAUDIER.

Près Paris...

ARMANDE.

Je le sais !

BERLAUDIER.

C'est une perte !... J'avais donc résolu de rendre tout à fait impossible l'occasion de vous rencontrer; car je me disais, avec Pline et Newton : il n'y a pas moyen d'éteindre un feu dans lequel on jette perpétuellement... des fagots ! Je partis, je quittai Paris et je me rendis à Grenoble. J'espérais me distraire en voyant le monde... Un ami me présenta chez Mme Berthelin...

ARMANDE.

De Berthelin.

BERLAUDIER.

Ça ne fait rien. J'entre dans son salon... (D'une voix éclatante.) Paf ! (Mouvement de surprise d'Armande. — Il reprend le ton naturel.) La première personne qui s'offre à ma vue...

ARMANDE.

C'est moi, monsieur ; mais Mme de Berthelin est ma tante.

BERLAUDIER.

Le savais-je ? Moi, qui vous croyais à Paris, moi, qui venais de faire cent quarante lieues pour vous échapper... et je vous retrouve là, assise tranquillement. Du saisissement que j'en ressentis, je tombai malade.

ARMANDE.

Est-il possible !

BERLAUDIER.

A peine rétabli, je pris la résolution vigoureuse de mettre entre nous le comtat d'Avignon; je passai en Provence. J'avais une lettre de recommandation pour M. Cavailles...

ARMANDE.

Le chevalier de Cavailles.

BERLAUDIER.

Ça ne fait rien. Je pars, j'arrive... La première femme que je rencontre à Brignolles, c'est vous !... la seconde, encore vous !... ici !.. chez M. Cavailles !... (Elevant la voix et d'un ton de reproche.) Qu'y êtes-vous venu faire, mademoiselle ?

ARMANDE.

Je suis ici chez moi, monsieur; le chevalier de Cavailles est mon oncle et mon tuteur.

BERLAUDIER.

Votre oncle?... (Résigné.) Ça devait être... C'est trop souffrir! Dès ce soir je quitte Brignolles!... Adieu, mademoiselle.

(Il se dirige vers la porte du fond, à gauche.)

ARMANDE.

Adieu, monsieur.

(Elle va sortir par le premier plan, à droite.)

BERLAUDIER, s'arrêtant tout à coup.

A propos... comptez-vous séjourner long-temps ici?

ARMANDE.

Comme je pense, monsieur, que vous m'adressez cette question afin d'éviter une nouvelle rencontre, pénible pour tous deux, je veux bien y répondre : je dois retourner à Grenoble aujourd'hui même.

BERLAUDIER, avec éclat.

Grand Dieu!... (Même mouvement de surprise de la part d'Armande.) je comptais y retourner aussi.

ARMANDE.

Quoi!

BERLAUDIER.

Soyez sans crainte; je prendrai la route opposée, Grenoble n'existe plus pour moi. (Tirant un calepin et semblant prendre des notes.) A vous le Dauphiné... Vous n'ayez pas à m'interdire un autre endroit?

ARMANDE.

La Provence est mon séjour habituel jusqu'à présent.

BERLAUDIER, écrivant.

A vous la Provence!

ARMANDE.

Il est possible que, plus tard, j'habite Paris ou Versailles.

BERLAUDIER, avec éclat.

Mais vous voulez donc me chasser de France? N'importe! à vous la France, j'y renonce; mais peut-être bien me laisserez-vous la Navarre, que diable!

ARMANDE.

Monsieur, je ne suis pas habituée à ce ton.

BERLAUDIER.

Ça ne fait rien!... Mademoiselle, je vais employer toutes les forces de mon âme à vous effacer de ma mémoire... je vais mettre entre nous une distance... quelconque... (Mouvement de satisfaction d'Armande.) Mais, notez ceci : à partir de demain 24 mai 1780, si j'ai le dangereux bonheur de vous rencontrer encore, oh! alors je croirai, je me persuaderai que c'est vous qui courez après moi!

ARMANDE.

Quelle infamie!...

BERLAUDIER, avec une chaleur croissante.

Alors, je considérerai cet événement comme une autorisation de vous harceler de mon amour.

* Berlaudier, Armande.

ARMANDE.

Comment?...

BERLAUDIER.

Alors, je m'attache à vos pas, jour et nuit!...

ARMANDE.

Mais, si....

BERLAUDIER, avec énergie.

Jour et nuit! Il vous sera aussi impossible de m'éviter, qu'il est impossible de sauter par dessus son ombre en plein soleil!... ah!...

ARMANDE.

Ainsi, monsieur, si le hasard voulait encore que je vous...

BERLAUDIER, vivement.

Visse, aperçusse, rencontrasse, n'importe!...

ARMANDE.

Il n'y aurait aucun moyen de me débarrasser de vous?...

BERLAUDIER.

Je n'en connais pas! Quelle horreur!... hein?..

ARMANDE, à part.

Mais il m'effraie!

(Elle fait un mouvement pour sortir.)

BERLAUDIER, la retenant.

Et maintenant, adieu, adieu pour toujours! Armande!...

(Il remonte jusqu'à la hauteur de la table, à gauche, sur laquelle il pose tristement son chapeau.)

ARMANDE, avec révolte.

Armande!... (A part.) Impertinent!

oooooooooooooooooooooooooooooooooooooooooooooo

SCÈNE VI.

LES MÊMES, PORQUEROLLES.

PORQUEROLLES, entrant par le fond à droite, au moment où Armande remonte.

Qu'est-ce donc? Lui ici!...

ARMANDE, allant vivement à lui.

Ah! monsieur, je vous en prie, je vous en supplie, délivrez-moi de cet homme!

PORQUEROLLES.

Soyez tranquille, chère Armande!

(Il lui offre la main et la reconduit jusqu'à la porte du premier plan, à droite.)

ARMANDE.

Je vous en prie!...   (Elle sort.)

PORQUEROLLES, à part.

Par où diable a-t-il passé?...

oooooooooooooooooooooooooooooooooooooooooooooo

SCÈNE VII.

BERLAUDIER, PORQUEROLLES.

BERLAUDIER, à part, en se laissant tomber sur un siège, près de la table, avec un désespoir comique.

Je ne la verrai plus!...

PORQUEROLLES, apercevant Berlaudier assis.

Eh bien ! Il est sans gêne !... (A Berlaudier.) Monsieur...

BERLAUDIER, le regardant à peine.

Hein ?...

PORQUEROLLES, brusquement.

Comptez-vous rester longtemps ici ?

BERLAUDIER, toujours assis et s'étalant dans son fauteuil.

Moi, rester ici ?... dans cette maison ?... Mais vous ne savez donc pas, monsieur, ce qui vient de s'y passer ?... vous ne savez donc pas qu'Armande, je la fuis plus que jamais et que, dans ce moment-ci, je voudrais être sur les bords de... (Il cherche, puis avec impatience.) Dites-moi donc une rivière éloignée, vous ?...

PORQUEROLLES, à part.

Il n'est pas à craindre !... j'en étais sûr. (Haut.) Monsieur, votre résolution est d'autant plus sage que Mlle Armande se marie.

BERLAUDIER, se levant vivement.

Comment !... elle se marie ?... Et avec qui ?

PORQUEROLLES.

Avec un homme...

BERLAUDIER.

Oh !...

PORQUEROLLES.

Qui entendrait difficilement raison sur le chapitre de la rivalité.

BERLAUDIER, vivement.

Comment se nomme-t-il ?... que fait-il ?...

PORQUEROLLES.

Quelle exaltation !... un duel ?...

BERLAUDIER.

Non, monsieur. Je ne me bats jamais.

PORQUEROLLES.

Alors, que lui voulez-vous donc ?

BERLAUDIER, tranquillement.

L'assassiner tout bonnement. Son nom, son adresse ?...

PORQUEROLLES, à part.

Il est enragé. (Haut.) Et c'est pour cela que vous restez ici ?... Vous préméditeriez ?...

BERLAUDIER.

Elle se marie !... C'est l'Océan qu'il faut que je flanque entre elle et moi !... Pour un amour comme le mien, monsieur, le bout du monde, c'est la banlieue !...

PORQUEROLLES.

Je ne puis que vous approuver... Allez, monsieur... Monsieur ?..

BERLAUDIER.

Gabriel Berlaudier.

PORQUEROLLES, d'un ton emphatique.

Allez, monsieur Gabriel Berlaudier... allez porter au delà des mers cet amour fatal et sans espoir... mes vœux, les vœux d'un ami vous accompagneront.

BERLAUDIER, à part, après lui avoir serré la main.

Tiens !...(Haut.) Je vous en remercie, monsieur...

PORQUEROLLES.

Henri de Porquerolles.

BERLAUDIER.

Je vous en remercie, monsieur Henri Porquerolles...

PORQUEROLLES.

De... de...

BERLAUDIER.

Ça ne fait rien... Je suis fier d'emporter les vœux d'un galant homme... (Il prend son chapeau et va sortir ; il s'arrête, puis revient.) Mais, dites-moi : j'ai certainement la plus haute idée du désintéressement des marins français... mais, si je vais trouver un capitaine de vaisseau et que je lui dise : « Capitaine, je prends passage sur votre navire, mais je ne puis vous offrir en paiement que l'amour que j'emporte et les vœux de M. Henri Porquerolles que j'emporte également. » Il est malheureusement probable que cet officier me laissera sur le quai... avec mes deux articles...

PORQUEROLLES.

Comment, vous n'avez pas même le moyen de passer aux colonies ?

BERLAUDIER.

A moins que je n'y aille à la nage, ce qui est une entreprise qu'un merlan seul pourrait envisager d'un œil sec !... (Prenant la main de Porquerolles.) Et pourtant, j'ai un besoin pressant d'aller en Amérique !

PORQUEROLLES, avec exclamation.

Ah !

BERLAUDIER, reculant d'un pas.

Quoi ?... Je vous ai marché sur le pied ?

PORQUEROLLES.

Votre position m'intéresse.

BERLAUDIER.

Et moi donc !

PORQUEROLLES.

Connaissez-vous Gaspard de Besse ?

BERLAUDIER.

Je n'ai pas cet honneur.

PORQUEROLLES.

Vous n'avez jamais entendu parler de lui ?

BERLAUDIER.

Jamais. Je suis étranger à ces contrées. Quel est ce monsieur ?

PORQUEROLLES.

C'est un homme auquel le gouvernement porte le plus vif intérêt. Par faveur spéciale, on lui accorde le passage gratuit sur un bâtiment de l'État, pour le conduire en Amérique.

BERLAUDIER.

Ah ! il n'y a que les protections, voyez-vous !... Voilà un homme heureux !

PORQUEROLLES.

Vous désirez vous expatrier ?... l'occasion est

superbe! Présentez-vous à l'autorité sous le nom
de Gaspard de Besse!

BERLAUDIER.

Sapristi, monsieur, vous me dites là une chose
capitale! Mais s'il vient à se présenter, lui?...
pour qui passerai-je?... ou plutôt je ne passerai
pas du tout.

PORQUEROLLES.

Soyez tranquille, il ne se présentera pas.

BERLAUDIER.

Ah!... Et quelle est sa profession?

PORQUEROLLES.

Mais... il a fait de grands travaux sur les
routes...

BERLAUDIER.

Un ingénieur alors?... Prendre le nom d'un ingénieur?... moi, qui n'ai jamais été dans les
ponts et chaussées!... abuser de la naïveté du
gouvernement!... non!

PORQUEROLLES.

Vous refusez?

BERLAUDIER.

Je refuse... net! Adieu, mon ami.

AIR : O ciel, quelle aventure. (Un Monsieur et une Dame.)

Un seul parti me reste!
Il le faut, c'en est fait,
Hâtons-nous, sort funeste,
D'accomplir mon projet.
Je sais ce qu'il me reste à faire,
Et de vos vœux je dois m'enorgueillir;
Oui, ces vœux-là me soutiendront, j'espère,
Dans l'acte affreux que je vais accomplir.

ENSEMBLE.

Un seul parti, etc.

PORQUEROLLES.

De votre amour funeste
Vous voulez fuir l'objet;
Un seul parti vous reste,
Adoptez mon projet.

(Berlaudier sort par le fond à gauche.)

SCÈNE VIII.

PORQUEROLLES, puis RASTOUL.

PORQUEROLLES, d'abord seul.

C'est à moi qu'il en veut, pas de doute!... Quel
malheur de n'avoir pu le persuader! Je faisais
coup double : je me débarrassais de lui, et en
livrant à M. de Cavailles un prétendu Gaspard
de Besse, je hâtais mon mariage!... C'est qu'il
n'y a pas un instant à perdre... Cette lettre que
je viens de recevoir... (Il se fouille.) Eh bien!...
(Avec effroi.) Ah! grand Dieu! ma lettre! l'aurais-
je perdue!...

RASTOUL, qui est entré par le fond, à droite, une
lettre à la main et en la lisant; lui montrant la lettre.

Non, car la voilà!

PORQUEROLLES, vivement.

Ah!... donnez!...

RASTOUL, retirant la lettre.

Pas encore!

PORQUEROLLES.

Auriez-vous eu l'indiscrétion de la lire?

RASTOUL.

Parfaitement!

PORQUEROLLES.

Quoi!

RASTOUL.

D'un bout à l'autre!

PORQUEROLLES.

Écoutez, Rastoul, puisque vous savez tout...

RASTOUL, riant.

Vous ne voulez rien me cacher? Ah! ah! ah!

PORQUEROLLES.

Et vous n'aurez pas à vous en repentir, donnez!

RASTOUL, riant.

Ah! ah! ah! j'ai donc l'air bien bête?

PORQUEROLLES.

Pourquoi?

RASTOUL.

Pour que vous me croyiez capable de vous la
rendre à cette condition-là?

PORQUEROLLES.

AIR de l'Artiste.

Qu'exigez-vous? (A part.) O honte!

RASTOUL.

Vingt louis.

PORQUEROLLES, à part.

Scélérat!
(Haut.)
Vous les aurez.

RASTOUL.

J'y compte.

PORQUEROLLES.

Au moment du contrat.
La foi d'un galant homme
Vous suffit?

RASTOUL.

C'est parfait!

(Porquerolles veut saisir la lettre.)

Et quand j'aurai la somme
Vous aurez le billet.

(Il le met dans sa poche.)

PORQUEROLLES, à part.

Le misérable!

RASTOUL.

On vient! rions!... Ah! ah! ah! Riez donc!

PORQUEROLLES, s'efforçant de rire.

Ah! ah! ah!.

SCÈNE IX.

**LES MÊMES, CAVAILLES, URGÈLE, puis
UN DOMESTIQUE.**

CAVAILLES, entrant très préoccupé; il vient de la
gauche.

Vous riez, Porquerolles; vous êtes bien heureux! (A Rastoul.) Et ma proclamation?

RASTOUL.

J'ai fait tambouriner sur la grande place la faveur que le gouvernement accorde à Gaspard de Besse ; et comme c'est aujourd'hui jour de marché, les paysans, en retournant chez eux, vont en répandre la nouvelle.

CAVAILLES.

Tu as bien fait ! (A Urgèle qui vient de la gauche, un carton à la main, et qui traverse le théâtre pour aller chez Armande.) Allons, Urgèle, dépêchons... Avez-vous préparé les malles de votre maîtresse ?

URGÈLE.

C'est fait, monsieur ; il n'y a plus qu'à les fermer.   (Elle sort.)

PORQUEROLLES.

Ainsi, Mlle Armande va s'éloigner, monsieur le chevalier... et mon mariage ?...

CAVAILLES.

Ah ! mais vous me ferez mourir avec votre mariage ! Que diable ! ma nièce va à Grenoble... pour y recevoir la bénédiction de sa tante et y faire remonter les diamans de sa grand mère... Vous voyez que tout ceci a rapport à votre affaire...   (Mouvement d'intérêt de Rastoul.)

PORQUEROLLES.

Mais est-il prudent de faire voyager ainsi deux femmes seules avec des objets précieux ?

CAVAILLES.

Oh ! il fait grand jour encore...

PORQUEROLLES.

Si je partais avec elles, moi ?

CAVAILLES.

Y pensez-vous ? compromettre ma nièce ?

RASTOUL, avec bonhomie.

Et si j'accompagnais ces dames, moi ?

CAVAILLES.

Inutile. A trois lieues d'ici, un brigadier de la maréchaussée doit escorter leur chaise de poste...

RASTOUL, à part.

Oh !

CAVAILLES.

Mes ordres sont donnés.

PORQUEROLLES.

Mais alors, monsieur de Cavailles...

CAVAILLES.

Vous allez encore me parler de votre mariage !... Je vous répète que tant que je n'aurai pas en mon pouvoir ce scélérat, ce bandit de Gaspard de Besse !...

PORQUEROLLES.

Vous ne l'aurez jamais !

UN DOMESTIQUE, entrant tout tremblant ; il vient de la gauche.

Monsieur le maire, un homme est là...

CAVAILLES.

Je n'y suis pas ! je n'ai pas le temps d'y être !

LE DOMESTIQUE, tremblant.

C'est... c'est...

CAVAILLES, avec humeur.

Qu'est-ce que tu as à me regarder comme ça, la bouche ouverte ?...

LE DOMESTIQUE, tout tremblant.

C'est que cet homme...

CAVAILLES.

Eh bien ?

LE DOMESTIQUE.

Il dit qu'il s'appelle... Gaspard de Besse !

TOUS.

Gaspard de Besse !

CAVAILLES.

Est-il possible ! Rastoul, soutiens-moi !... Ce serait lui !... Porquerolles, mon ami, voyez donc... vous qui le connaissez... qui avez conversé avec lui...

PORQUEROLLES, qui pendant ce temps a entr'ouvert la porte de gauche et regardé, à part.

Dieu ! (Haut, avec intention.) C'est lui, parbleu... c'est bien lui-même !

TOUS.

C'est lui !

CAVAILLES, au domestique.

Qu'il entre !... qu'il vienne !... Les plus grands égards !... et qu'on ne l'agace pas !...

(Le domestique sort par la gauche.)

PORQUEROLLES, à Cavailles.

Maintenant que vous tenez votre homme, j'espère...

CAVAILLES.

Ma nièce est à vous, mon cher ami ; elle est à vous. (Mouvement de joie de Porquerolles.) Aussitôt que j'aurai reçu de Paris les renseignemens que j'attends sur votre compte,

PORQUEROLLES, à part, en sortant par le fond à gauche.

Des renseignemens ! miséricorde !... C'est à présent qu'il faut agir !...

(La porte de gauche s'ouvre, Berlaudier et le domestique entrent.)

RASTOUL.

Le voilà !... (Avec enthousiasme.) cet homme célèbre !

SCÈNE X.

BERLAUDIER, LE DOMESTIQUE, CAVAILLES, RASTOUL.

AIR : Ah ! grand Dieu ! qu'entends-je ? (Finale du premier acte du duc d'Olonne.)

ENSEMBLE.

CAVAILLES et LE DOMESTIQUE.

Cet homme effroyable,
Bandit redoutable,
Cet affreux coupable,
Enfin le voilà !

O capture immense!
Jour de délivrance!
Bientôt la Provence
M'en }
S'en } glorifiera!

RASTOUL.

Cet homme admirable
Et si redoutable,
Est-ce bien croyable,
Enfin le voilà!
Avec confiance,
Quoi! cet homme immense
Vient braver la chance?
Quel courage il a!

BERLAUDIER.

Le remords m'accable;
Je suis bien coupable!
Quel nom respectable
J'ose prendre là!
Mais j'ai l'espérance
Qu'en quittant la France,
Le temps ou l'absence
Me consolera!

CAVAILLES, bas, au domestique et vivement.

Qu'on fasse prendre les armes à tous mes gens,
mais qu'ils restent coi!

LE DOMESTIQUE, en sortant par la gauche.

Oui, monsieur le maire!

BERLAUDIER, à Cavailles.

C'est bien à M. le maire de Brignolles que j'ai
l'honneur...

CAVAILLES, très empressé.

A lui-même, mon cher monsieur de Besse.
Vous ne sauriez croire le plaisir que j'ai à vous
voir!

BERLAUDIER.

Trop bon, en vérité. (A part.) Je suis bien reçu!

RASTOUL, à part, le regardant toujours avec
admiration.

Je me le figurais plus moustaché!

CAVAILLES.

Rastoul, un siège à M. de Besse... non un fauteuil...
(Rastoul s'empresse d'avancer un fauteuil qui est auprès de la table.)

BERLAUDIER, à part.

Je suis très bien reçu!

CAVAILLES.

Mais vous avez peut-être besoin de prendre
quelque chose? (Berlaudier regarde autour de lui.)
Pardon!... je ne fais pas d'application... c'est une
manière de parler...

BERLAUDIER.

Très naturelle... (Gaîment.) C'est un besoin que
j'éprouve fort souvent.

CAVAILLES, riant.

Ah! ah! ah! Je vais donner des ordres. (Bas,
à Rastoul.) Hâtons-nous de faire venir la maréchaussée.

RASTOUL, allant au fond, à gauche.*

C'est là cet homme immense! (Il sort.)

CAVAILLES.

Vous allez être servi à l'instant! (A part.) Qu'il
a bien l'air d'un brigand!

(Il salue Berlaudier, et sort par la gauche.)

SCÈNE XI.

BERLAUDIER, seul.

Il est très aimable, ce maire de Brignolles!...
Ce n'est pas un colosse; mais il est aimable...
(Après une pause.) Je m'étais éloigné d'ici avec
le projet de mettre fin à ma déplorable existence,
quand j'aperçois un pont... Je me dis: Bon, voilà
un pont!... Je monte sur le parapet, et... (Il
fait le mouvement de se précipiter.) je fais une ré-
flexion... M. Rousseau réprouve ce genre d'exer-
cice... Je me fais indiquer la demeure du maire,
l'hôtel-de-ville, on m'indique la grande place, une
maison jaune... J'arrive... me voilà, et... je sais
le reste! — Allons, allons! cinglons vers l'Amérique! Armande est partie, sans doute! Moi, je
vais m'embarquer...— Elle au septentrion; moi,
au méridion! Il n'y a pas de crainte de se rencontrer... Tant mieux!... Mais M. le maire tarde
bien...

SCÈNE XII.

BERLAUDIER, ARMANDE, puis RASTOUL.

ARMANDE, entrant sans voir Berlaudier.

(Elle vient du premier plan à droite.)

Pas un domestique!...

BERLAUDIER.

Ah! je l'entends!... (Apercevant Armande.) Ah!...
encore elle!...

ARMANDE.

Encore vous, monsieur!

BERLAUDIER.

Mais c'est de l'acharnement! Que venez-vous
encore faire ici, mademoiselle?

ARMANDE.

C'est ce que j'allais vous demander, monsieur.
Je suis ici chez mon oncle.

BERLAUDIER.

Encore un oncle!... Ah! ça, mais... vous êtes
donc la nièce de la France entière?...

ARMANDE, sévèrement.

Monsieur, je suis la nièce de M. le chevalier
de Cavailles, maire et conseiller du roi, à Brignolles... C'est déjà ici que je vous ai rencontré
ce matin...

BERLAUDIER, étonné.

Quoi?... (Regardant autour de lui.) Mais, en
effet!... ces meubles... cet appartement... (S'ar-

* Cavailles, Berlaudier.

rêtant devant un médaillon suspendu à la gauche de
la cheminée.) Que vois-je?... Ce portrait!...

ARMANDE.

C'est le mien, monsieur!

BERLAUDIER, s'emparant du portrait.

Ah! merci! merci!...

RASTOUL, entrant, par le fond à droite, avec des pro-
visions, au moment où Berlaudier décroche le portrait.

O grand homme! je te reconnais!*

ARMANDE, à Berlaudier.

Que faites-vous?...

RASTOUL, à part.

Parbleu! il le chippe!

(Il va à la table, sur laquelle il sert le déjeûner.)**

BERLAUDIER, avec joie.

Je ne partirai donc pas seul!

ARMANDE.

Je vous ordonne...

BERLAUDIER.

Jamais!

ARMANDE.

AIR de Préville et Taconnet.

Quoi! sans rougir d'un si honteux dessein?...

BERLAUDIER, contemplant le portrait.

Non! le dessin m'en semble remarquable!

ARMANDE.

Mais c'est un vol!...

BERLAUDIER.

Pardon!... c'est un larcin!
Un larcin en amour est toujours excusable!

ARMANDE.

L'amour a-t-il des sentimens si bas?
Epargnez-moi ces maximes nouvelles?

BERLAUDIER.

Mais si l'amour ne volait pas,
A quoi lui servirait ses ailes?

RASTOUL, à part.

Ah! joli! joli!

ARMANDE.

Monsieur, je vous ordonne... je vous prie... de
me rendre ce portrait... que je n'ai certes pas fait
pour vous!

BERLAUDIER, avec âme.

Il est votre ouvrage! Oh! viens, viens, compa-
gnon de mon exil... viens sur mon cœur!... (Il le
met dans sa poche.) et ne me quitte jamais!...
(Après avoir préparé la table, Rastoul est venu à
droite, en examinant curieusement Berlaudier.)

RASTOUL, à part.

Quel truc!***

ARMANDE.

Rastoul, par la persuasion ou par la force, re-
prenez à cet homme ce médaillon... Je le veux!
(Elle sort par la droite.)

* Berlaudier, Armande, Rastoul.
** Rastoul, Berlaudier, Armande.
*** Berlaudier, Armande, Rastoul.

BERLAUDIER.

Me le reprendre! Malheur à celui...

RASTOUL, s'agenouillant vivement devant Berlaudier,
tandis que celui-ci semble s'apprêter à opposer la
force à la force.*

O mon maître!... ô grand homme!
(Il baise la basque de l'habit de Berlaudier.)

BERLAUDIER.

D'où vient ce baiser étrange que vous déposez
sur mes vêtemens?

RASTOUL.

Vous me le demandez?

BERLAUDIER, plus vite.

D'où vient ce baiser étrange que vous déposez
sur mes vêtemens?

RASTOUL, se levant et d'un air malin.

Vous avez un fier nez!

BERLAUDIER.

En effet... mais...

RASTOUL.

Il a un cercle d'or.

BERLAUDIER.

Mon nez?

RASTOUL.

Le médaillon.

BERLAUDIER, offensé.

Supposeriez-vous qu'un sentiment de cupidité!...

RASTOUL, d'un air malin.

Fi donc! l'amour de l'art!... Est-ce que je ne
suis pas digne de comprendre Gaspard de Besse?...
Vous avez joué votre rôle de galantin à ravir!...
C'est beau, c'est grand, c'est complet!

BERLAUDIER.

Qu'est-ce qui est complet?

RASTOUL.

Votre toupet!

BERLAUDIER.

Mon toupet, à présent! Je ne vous comprends
pas, mon ami.

RASTOUL.

Et vous quitteriez la France?... Non!... Ecou-
tez un ami!...

CAVAILLES, en dehors.

Un homme à cheval... Qu'on prévienne le gou-
verneur!

RASTOUL, avec mystère, et vivement.

Chut! rentrons *la loque*, assez *jaspiner*; le
margoulin est sur nos *arpions!*
(Il s'éloigne et va à droite.)

BERLAUDIER, à part, très surpris.

Ce brave homme a une manière de s'exprimer
qui m'intrigue beaucoup... Patois des montagnes,
sans doute!

* Berlaudier, Rastoul.

SCÈNE XIII.

CAVAILLES, BERLAUDIER, RASTOUL.

CAVAILLES, à part, en entrant ; il vient de la gauche.

A-t-on jamais vu !... Toute la maréchaussée de Brignolles est partie à sa recherche... et je me trouve sans force armée ici !... Gagnons du temps... (Haut, à Berlaudier.) Pardon, monsieur de Besse, de vous avoir ainsi laissé avec un lourdeau.

BERLAUDIER, d'un ton très aimable.

Je ne me suis point aperçu de votre absence...

CAVAILLES.

Vous n'êtes pas encore à table ?

BERLAUDIER.

Je vous attendais.

CAVAILLES.

C'est que... je n'ai pas faim.

BERLAUDIER, d'un ton aimable.

Et moi, je ne sais pas manger seul... (Gaîment.) Comment diable faire ?

CAVAILLES.

Cependant... si vous l'exigez...

BERLAUDIER, gaîment.

Eh bien ! monsieur le maire, je l'exige... J'abuse peut-être des droits de l'hospitalité ?...

CAVAILLES.

Du tout !... du tout !... (Rastoul apporte la table toute servie au milieu du théâtre.— A part.) Ça me fera gagner du temps. (Haut.) Sers-nous, Rastoul. (Bas.) Lentement, et enlève les couteaux ! (Rastoul ôte les couteaux. — Pendant ce temps, Berlaudier est allé prendre une chaise à droite. — Haut.) Du bon vin, surtout ! (A Berlaudier, qui vient se mettre à table.) Vous aimez le bon vin ?

(Cavailles assis, Rastoul debout, servant, versant à boire, Berlaudier, assis.)

BERLAUDIER.

Je l'ai toujours trouvé supérieur à l'autre... au goût...

RASTOUL, mettant du vin sur la table.

Voilà !

BERLAUDIER, à part.

Peste ! comme on reçoit les ingénieurs, dans ce pays-ci !

CAVAILLES, servant.

Vous offrirai-je de ceci ?...

BERLAUDIER, le regardant, et à part.

Digne homme ! s'il savait que j'ai une lettre de recommandation pour lui !... Mais ce n'est pas le moment... Ma lettre de recommandation ne me ferait pas aller en Amérique !...

CAVAILLES, à part.

Comme il me regarde ! (Haut.) Vous ne mangez pas ?

* Cavailles, Berlaudier, Rastoul.

BERLAUDIER.

Je n'ai pas de couteau... (A Rastoul.) Vous ne m'avez pas donné de couteau, garçon.

(Rastoul consulte Cavailles du regard.)

CAVAILLES, avec embarras.

Ah ! oui... ah ! non !... C'est que... nous ne nous servons pas de ces instrumens-là, ici !

BERLAUDIER, gaîment.

Tiens !... ah ! c'est étonnant !... Mais, moi, je ne suis pas du pays, je m'en sers... Du reste, ça ne fait rien, j'ai sur moi ce qu'il faut.

CAVAILLES, à part, avec effroi.

Il a un couteau !

BERLAUDIER, tirant de sa poche un grand couteau, qui s'ouvre au moyen d'un ressort.

Voilà !

CAVAILLES, à part.

Un poignard ! (Haut.) Malpeste ! monsieur de Besse, vous avez là un instrument formidable !

BERLAUDIER.

Un couteau à deux fins.

(Il gesticule avec son couteau.)

CAVAILLES.

Je comprends !... (A part.) Brigand ! Il tue et il mange avec son couteau !

BERLAUDIER.

Vous savez, en voyage...

CAVAILLES.

Oui, une arme à feu est incommode !

BERLAUDIER, gaîment.

Surtout pour découper.

CAVAILLES, s'efforçant de rire.

Ah ! oui...

BERLAUDIER, à qui Rastoul verse à boire

Monsieur le maire, à la santé du corps municipal et des échevins de la ville de Brignolles, dont vous êtes le digne chef.

CAVAILLES.

Trop d'honneur, mon cher hôte ; et, ma foi, pour vous rendre la pareille, je bois aussi à ceux dont vous êtes... dont vous avez été... le digne chef... au corps respectable des..., des... (Gaîment.) ce n'est pas facile à dire...

BERLAUDIER, avec un peu d'hésitation.

Des ponts... et chaussées...

CAVAILLES.

Comment des ponts et chaussées !...

BERLAUDIER.

Ne suis-je pas ingénieur ?... Mes nombreux travaux sur les grandes routes vous sont-ils inconnus ?...

(Il regarde alternativement Cavailles et Rastoul, qui lui fait signe qu'il les connaît.)

CAVAILLES, riant.

Ah ! c'est juste... ah ! pardon...

RASTOUL, à part.

A-t-il des moyens !

CAVAILLES, à part.

Il est fort drôle, le scélérat !... Si cet homme-

là n'avait pas mal tourné, il aurait peut-être été
très comique !

BERLAUDIER.

C'est ce qui m'a valu, monsieur, les faveurs du
gouvernement. Et puisque nous sommes sur ce
sujet, que pensez-vous du parti que j'ai pris ?

CAVAILLES.

C'était le plus sage.

BERLAUDIER.

Oui, vivre ainsi n'était plus possible ! Si vous
connaissiez tous mes motifs...

CAVAILLES.

Je les devine.

BERLAUDIER.

Que m'importe la France ! Je n'y suis pas
aimé !

CAVAILLES.

Oh ! non !

(Il prend une prise, et pose sa tabatière sur la table.)

BERLAUDIER.

Et pourquoi ?

CAVAILLES.

Oh ! vous savez... les hommes...

BERLAUDIER.

Et les femmes donc !... les femmes !... les femmes !... Je n'en fais pas plus de cas que de ceci !...
(Il prend la tabatière de Cavailles, et hume bruyamment une prise.) Si jamais on m'y reprend, je
veux bien être pendu !

CAVAILLES, à Rastoul, qui, en allant et venant, se
trouve à côté de lui.

Avec ça qu'on lui demandera son consentement
pour cela !

BERLAUDIER.

C'est ici qu'est le mal, monsieur ! là ! là !...
(Il indique son cœur avec la main qui tient la tabatière.)

CAVAILLES, à part.

Il met la tabatière dessus !

RASTOUL, à part.

Comme il travaille bien, comme c'est net,
comme c'est calme !...

BERLAUDIER.

Aussi, j'ai hâte de quitter la France. J'empor-
terai, du moins avec moi, mes souvenirs !

CAVAILLES, à part.

Et ma tabatière !

RASTOUL, à part.

Et le médaillon !

BERLAUDIER, à part.

Elle va se marier !... Mais aime-t-elle son futur ?... Voilà la question !...

(Il pose la tabatière sur la table.)

CAVAILLES, à part.

Ah ! il la pose !...

(Il avance la main pour saisir sa tabatière ; Berlaudier
la reprend.)

BERLAUDIER, distrait.

Audaces fortuna juvat.

(Il met la tabatière dans sa poche.)

RASTOUL.

Comme c'est joué !

CAVAILLES, à part.

Il parle latin, le gueusard ! et il me revole ma
tabatière !

BERLAUDIER, frappant de la main sur la table.

Au fait, pourquoi quitterais-je la France ?

CAVAILLES, à part.

Aïe !.. Oh !... mais... je saurai bien la lui reprendre... il ne sera pas dit que chez moi, à ma table !... (Il se lève. — Haut.) Monsieur de Besse !...

BERLAUDIER.

Plus de M. de Besse entre nous ! Appelez-moi
votre ami...

CAVAILLES.

Mais...

BERLAUDIER.

Je vous en prie !   (Il lui offre une prise.)

CAVAILLES.

Eh bien ! mon ami...

(Tendant la main pour reprendre sa tabatière.)

BERLAUDIER, croyant que Cavailles veut lui donner
la main, et la lui serrant.

Merci !...   (Il met la tabatière dans sa poche.)

CAVAILLES.

Je crois devoir vous faire observer que vous
venez de vous conduire comme un... (Mouvement
de Berlaudier.) Pardon ! je ne fais pas d'application. Mais, vous vous êtes emparé d'un objet,
qui ne vous appartenait pas... que diable !

BERLAUDIER, à part.

Le médaillon !... ce garçon lui a dit... (Haut.)
Écoutez, Cavailles. (Surprise du chevalier de Cavailles, de s'entendre appeler tout court.) Ma moralité m'oblige de vous avouer le fait ; mais je déclare qu'il n'est pas une puissance humaine capable de me l'arracher !

(Il agite son couteau avec véhémence.)

CAVAILLES, effrayé, quittant la table.

Mon Dieu ! mon Dieu ! ne vous emportez pas !
Je vous en fais cadeau !

BERLAUDIER, allant à lui avec une grande joie.

Il serait vrai ! ô vertueux vieillard !

(Il s'élance pour embrasser Cavailles ; celui-ci s'é-
loigne avec effroi.)

CAVAILLES.

Posez votre couteau, sapristi ! (Berlaudier l'embrasse.) Voilà qu'il m'embrasse à présent.

RASTOUL, à part.

Il lui fait sa montre, bien sûr !

BERLAUDIER, à lui-même.

O Armande ! s'il y avait moyen !... Oui,
c'est une idée ! (Haut.) Écoutez, Cavailles... Elle
est riche sans doute ?..

(Rastoul a remis la table à gauche.) **

* Cavailles, Berlaudier, Rastoul.
** Rastoul, Cavailles, Berlaudier.

CAVAILLES.

Dame ! il y en a de plus riches.

BERLAUDIER.

Mais l'or n'est rien pour moi !

CAVAILLES, à part.

C'est donc pour le tabac, alors ?

BERLAUDIER.

Cavailles, vous êtes un homme parfait !...

CAVAILLES.

Vraiment?..

BERLAUDIER.

Pas au physique... bien certainement... mais vous me plaisez... L'accueil que vous me faites me plaît... Vous êtes si bienveillant pour moi...

CAVAILLES.

Comment donc!... tout ce qui dépendra de moi...

BERLAUDIER.

Eh bien ! vous m'enhardissez... Vous avez une nièce charmante... je vous la demande en mariage.

CAVAILLES, poussant un grand cri et tombant dans les bras de Rastoul, qui l'assied dans un fauteuil à gauche.

Ah ! Rastoul !

BERLAUDIER, avec joie, à part, en gagnant à droite.

Il est ému !

CAVAILLES, à Rastoul.

Il me demande ma nièce... et la maréchaussée qui n'arrive pas! (Apercevant Porquerolles qui entre, et allant vivement à lui.) Ah !... Eh bien ?

SCÈNE XIV.

RASTOUL, CAVAILLES, PORQUEROLLES, venant du fond à droite et allant à Cavailles; puis URGÈLE et DEUX DOMESTIQUES.

PORQUEROLLES, bas.

Je vous annonce la maréchaussée.

(Mouvement de joie de Cavailles.)

URGÈLE, entrant par le fond à droite avec deux domestiques. *

Monsieur le chevalier, la voiture est attelée... Mademoiselle vous attend pour vous faire ses adieux.

CAVAILLES.

Tout à l'heure.

BERLAUDIER, bas, à Porquerolles, qui est allé à lui.

J'ai suivi votre conseil... N'ayons pas l'air d'être d'accord.

PORQUEROLLES.

Etes-vous content ?

BERLAUDIER, avec un peu de fatuité.

Mais il se pourrait bien faire que j'épousasse Armande.

* Rastoul, Cavailles, Porquerolles, Urgèle, Berlaudier, les domestiques au fond.

PORQUEROLLES, très surpris.

Quoi ?...

CAVAILLES, qui, pendant ce temps, a pris des mains d'un domestique une corde préparée en forme de grand anneau avec un nœud coulant; il la cache derrière son dos et s'approche de Berlaudier.

Mon cher monsieur...

BERLAUDIER, allant à lui. *

Mon ami... appelez-moi mon ami...

CAVAILLES.

Mon cher ami...

BERLAUDIER.

Ah !...

CAVAILLES.

Votre main... en signe d'alliance...

(Mouvement de Porquerolles.)

BERLAUDIER, avec joie.

Il consent ! De grand cœur !...

(Il lui donne la main.)

CAVAILLES.

Et l'autre ?

BERLAUDIER.

L'autre aussi ? (A part.) Il est caressant comme une chatte !

(Cavailles saisit les deux mains de Berlaudier.)

CAVAILLES.

Voyons ces petites menottes...

(Il lui passe les deux mains dans le nœud coulant, et le serre aussitôt.)

BERLAUDIER, stupéfait.

Quoi ! qu'est-ce ?

(Les domestiques se jettent sur lui et le maintiennent.)

PORQUEROLLES.

A la bonne heure !

CAVAILLES.

Ah ! mon coquin !

BERLAUDIER.

Quoi ? votre coquin ?

CAVAILLES, à Rastoul.

Emmène-le !... Tu me réponds de lui ?

RASTOUL, qui a vu avec chagrin l'arrestation de Berlaudier.

Sur ma tête !

CAVAILLES.

Je te tiens à présent !... Gaspard de Besse !

URGÈLE, examinant Berlaudier.

Gaspard de Besse !

BERLAUDIER.

Gaspard de Besse! Comment, Gaspard de Besse... Je ne suis pas ce que vous croyez... J'ai une lettre...

CAVAILLES, criant en même temps que Berlaudier.

Qu'on l'emmène! Si on écoutait ces gaillards-là, il n'y en aurait pas un de coupable !

* Rastoul, Cavailles, Berlaudier, Porquerolles, Urgèle, les domestiques au fond.

CHOEUR FINAL.

AIR,

CAVAILLES, URGÈLE et LES DOMESTIQUES.

Sans perdre un instant,
Il faut que son châtiment commence ;
Que ce brigand
Soit promptement
Déposé sur le bâtiment.
De ce garnement
Il nous faut délivrer la Provence ;
Ce châtiment
De ses méfaits sera le dénoûment,
Oui, qu'on l'emmène promptement.
Allons !
Partons !

PORQUEROLLES, à part.

Sans perdre un instant,
Agissons, surtout de la prudence ;
Pour un amant
L'enlèvement
Est un excellent dénoûment.
Et, dans un instant,
Oui, ma ruse aura sa récompense,
Le faux brigand,
Ici, me sert beaucoup en ce moment
Ah ! le stratagème est charmant.
Allons !
Partons !

RASTOUL, à part.

Ah ! c'est révoltant !
A ce point trahir sa confiance,
Quand noblement
Innocemment
Il se livre au gouvernement.
Trahir son serment,
Et vouloir le bannir de la France,
Ah ! c'est criant !
Aussi, je veux qu'ici mon dévoûment
Soit son appui dans ce moment.
Allons !
Partons !

(Les domestiques veulent entraîner Berlaudier, qui résiste vigoureusement et ne cesse de crier pendant le chœur : «Vous vous trompez !.. il y a erreur... je ne suis pas ce que vous croyez.. Otez-moi cette chose qui me gêne.. j'ai une lettre de recommandation !...» — (Les domestiques l'emmènent ; mais, arrivés au fond, Berlaudier leur échappe ; il revient protester de nouveau, toujours pendant le chœur, jusqu'à ce que les domestiques l'entraînent décidément. — Rastoul se dispose à les suivre. — La toile tombe.)

ACTE DEUXIÈME.

Un site montagneux dans les gorges d'Ollioules. — Une maisonnette, à gauche, au premier plan. — Un gros arbre, à droite, autour duquel on peut circuler. — Au pied de l'arbre, un fragment de rocher servant de siége. — Auprès de la maisonnette, en face du public, un banc de pierre. — Au lever du rideau, le jour paraît.

SCÈNE I.

TOUS LES BANDITS, couchés sur le sol et endormis.

(Bibiche et un autre bandit dorment au pied de l'arbre ; Bibiche a la tête appuyée sur la pierre qui est à côté. — Un autre groupe de bandits est couché sur le sol auprès de la maison ; d'autres enfin sont couchés au bas des terrains élevés du fond. Un seul bandit veille et fait le guet sur la montagne. — Pimprenelle paraît derrière les rochers du fond ; il fait sa ronde, interroge du regard la sentinelle qui, par un geste, lui indique qu'il ne voit rien de suspect. Pimprenelle examine les bandits endormis, et entre en scène. — Pendant la ronde, musique en sourdine à l'orchestre. — Le jour est venu. — Les costumes des bandits ne doivent pas être trop étranges ; ils s'éloignent de ce que la tradition indique du bandit italien et surtout du brigand de mélodrame. Sauf pour deux ou trois bandits au plus, en vue du travestissement indiqué à la fin de la scène troisième de cet acte, ils ne doivent avoir ni barbe, ni moustaches, mais seulement des favoris. Ils ont tous des pistolets à la ceinture et une carabine à la main.)

PIMPRENELLE.

Allons ! debout, tas de paresseux... v'là la nuit qui plie bagage... Il faut se remuer aujourd'hui...

POMME-D'APIS, se mettant sur son séant.

Est-ce qu'on a des nouvelles de Fleur-des-Bois, not' capitaine ?...

(Tous les bandits s'éveillent en se détirant les membres. — Bandits encore couchés à gauche, au fond. — Pimprenelle debout, Pomme-d'Apis, Bibiche, et un autre bandit, à droite, sur leur séant.)

PIMPRENELLE.

Tu le sais bien, puisqu'il nous a fait savoir qu'il fallait l'attendre dans les gorges d'Ollioules, auprès de c'te bastide ici présente...

(Il indique la maison.)

POMME-D'APIS.

Y a donc un coup à faire ?...

(Tous les bandits se sont levés, et se groupent pour écouter.)

PIMPRENELLE.

C'est probable... Depuis qu'il s'est fait admettre comme greffier chez le maire de Brignolles, Fleur-des-Bois est au courant de tout, il nous prévient des manœuvres de la maréchaussée... Il nous a déjà sauvé la vie...

BIBICHE, d'une voix caverneuse.

Et l'honneur !...

PIMPRENELLE.

C'est lui qui nous a informé que la diligence de Draguignan, à qui nous voulions présenter nos hommages, était remplie de cavaliers de la maréchaussée, déguisés en nourrices...

POMME-D'APIS.

Prendre les habits de faibles femmes, pour tromper le monde!...

BIBICHE, d'une voix caverneuse.

C'est ignoble!...

LE BANDIT, qui fait sentinelle sur la montagne.

Silence!... On marche sur la route...

PIMPRENELLE.

Qui?...

LE BANDIT.

Un voyageur...

POMME-D'APIS.

A-t-il du bagage?...

PIMPRENELLE.

Non...

BIBICHE, de sa grosse voix.

Canaille!...

(Ils se groupent tous à gauche pour regarder à droite.)

CHOEUR.

AIR de l'introduction de l'île de Robinson.

Silence!
Prudence!
Il vient par ici!...
Silence!
Prudence!
Ayons l'œil sur lui!

(Sur un signe de Pimprenelle, les bandits se sont cachés, trois à droite, plusieurs à gauche, quelques uns derrière les rochers du fond. — Pimprenelle et deux autres entrent dans la maison.)

oooooooooooooooooooooooooooooooooooooooooooooooo

SCÈNE II.

BERLAUDIER, ensuite **PIMPRENELLE**, et
LES BANDITS.

BERLAUDIER, descendant précipitamment la montagne.

(Il vient de la droite ; son costume est le même qu'au premier acte, mais il n'a ni chapeau, ni épée.)

Ah! voici la maison Rouge!... Enfin, me voilà libre!... Quel événement!... quelle aventure!... Ah! si jamais on me rattrape à prendre un nom qui ne m'appartient pas!... Mais quel est donc ce M. Gaspard de Besse, à qui on fait mille politesses et qu'on traite ensuite comme une bête chauve... fauve, c'est-à-dire? Sans ce brave M. Rastoul... qui a facilité ma fuite... en éloignant les chapeaux à trois cornes... Et il m'a dit, en détachant mes poucettes : « Fuyez, grand homme!... Vous êtes dans les gorges d'Ollioules, prenez ce sentier, jouez des *guibolles*, et arrêtez-vous à la maison Rouge; je vous y rejoins... J'ai suivi le sentier, voici la maison Rouge... Mais jouer des *guibolles*... quel est cet instrument?... je ne le connais pas. Quand je le connaîtrais, je n'en sais pas jouer... et quand j'en saurais jouer, je n'en ai pas... (Gaîment.) Le plus prudent, c'est

de jouer des jambes... Mais par où?... dans cette salade de rochers, il est assez difficile de trouver sa route... Ah!... (Il se dirige vers la maison. — Pimprenelle en sort avant que Berlaudier ne soit arrivé à la porte.) Mon cher monsieur, c'est le ciel qui vous envoie...

PIMPRENELLE, * il a quitté sa carabine et rejeté ses pistolets en arrière; Berlaudier ne les voit pas.

Que désire monsieur?...

BERLAUDIER.

Je désire reconnaître mon chemin...

PIMPRENELLE.

Où va monsieur?...

BERLAUDIER.

Je n'en sais trop rien... Mon projet était d'abord d'aller en Amérique...

PIMPRENELLE.

Dans l'autre monde?... On peut vous en faciliter les moyens.

BERLAUDIER, à part.

Tiens!... lui aussi!... (Haut.) Et gratis?...

PIMPRENELLE.

Gratis...

BERLAUDIER.

Ah ça!... mais... ils ont donc tous des priviléges pour l'Amérique?...

PIMPRENELLE.

Entrez dans cette maison, monsieur... on va vous y faire votre affaire...

BERLAUDIER.

Ah! je vas vous dire... c'est que... j'ai changé d'avis...

PIMPRENELLE, avec bonhomie.

Ah!... pourquoi donc?

BERLAUDIER.

Ça serait trop long à vous raconter... Je suis comme le Juif-errant.

PIMPRENELLE, vivement.

Vous n'avez que cinq sous?...

BERLAUDIER.

Ce n'est pas sous ce rapport que je me compare à ce célèbre... fantassin; mais j'ai des raisons pour ne pas m'arrêter... Ayez seulement la bonté de me dire par quelle fente, par quel trou je puis sortir d'ici.

PIMPRENELLE, indiquant la maison.

Voici la route.

BERLAUDIER, étonné.

Par cette petite maison?

PIMPRENELLE, d'une voix forte.

Voici la route!

BERLAUDIER.

Permettez, j'ai l'honneur de vous dire que je suis pressé, et vous m'arrêtez, là...

PIMPRENELLE, violemment.

Eh! bien, oui!... je t'arrête!

(Il remonte un peu pour faire un signe aux brigands qui sont cachés.)

* Pimprenelle, Berlaudier.

1

BERLAUDIER, vivement, avec effroi et à part.

Grand Dieu! c'est un gendarme déguisé!... J'aurais dû m'en douter... Filons dans les rocailles!...

(Il s'élance vers la droite et va passer entre l'arbre et les rochers, lorsque trois brigands, la carabine en joue, lui barrent le passage; il jette un cri, revient vivement sur ses pas et va gagner le fond du théâtre. — Tous les bandits sont sortis tout à coup et le couchent en joue.)

BERLAUDIER.

Ne tirez pas, sapristi, ne tirez pas!... (A part.) Ce sont des brigands!... Ah! je regrette les gendarmes! (Haut, en cherchant à prendre un air souriant et gracieux.) Ne craignez rien, messieurs, je ne veux vous faire aucun mal.

PIMPRENELLE. *

Nous faisons donc le farceur!... Tes armes?

BERLAUDIER.

Je n'en ai pas.

PIMPRENELLE.

Ta montre?

BERLAUDIER.

Je n'en porte jamais.

PIMPRENELLE.

Ta bourse?

BERLAUDIER.

Il n'y a rien dedans... Ainsi, vous voyez bien, je ne voudrais pas abuser de vos momens...

(Il veut s'échapper.)

BIBICHE, le repoussant violemment.

Eh bien! ta vie?

BERLAUDIER.

Comment, ma vie!... Permettez, permettez!... Ma vie!... J'en ai besoin!...

PIMPRENELLE, ricanant.

Puisque tu veux aller dans l'autre monde...

(Tous les bandits rient d'une façon effrayante.)

BERLAUDIER, riant pour les amadouer.

Ah! c'est charmant... Je comprends... Ah! c'est très spirituel... (A part.) Que le diable te torde le cou avec tes calembourgs de grand chemin. (Haut.) C'est gai, c'est très gai; je ris...

BIBICHE, sèchement et de sa grosse voix.

On ne rit pas, ici!

POMME-D'APIS.

Et quand le capitaine donne le signal...

BIBICHE, de sa grosse voix.

Crac!

PIMPRENELLE.

Allons! allons! finissons-en!

(Sur un signe qu'il fait, tous les brigands lèvent leur poignard sur Berlaudier.)

BERLAUDIER.

Pas de crac! (On entend un son de trompe, tous les

* Pimprenelle, Berlaudier, Bibiche, Pomme-d'Apis, brigands à droite, à gauche et derrière.

bras restent immobiles levés sur Berlaudier.) Quelle est cette musique bienfaisante?

UN BANDIT, au fond.

C'est Fleur-des-Bois!

TOUS, avec joie.

Fleur-des-Bois!

ooooooooooooooooooooooooooooooooooooooooooooooo

SCÈNE III.

PIMPRENELLE, RASTOUL, BERLAUDIER, BANDITS, à droite, à gauche et derrière.

RASTOUL, descendant de la montagne, il vient de la droite. — Grand chapeau noir à bords larges et un peu relevés; grande veste brune tombant à mi-jambes, elle est doublée de rouge, collet rouge; ceinture rouge, pistolets; une trompe en sautoir; le reste du costume comme au premier acte.

A quel jeu jouez-vous donc là, vous autres?

BERLAUDIER, se jetant dans ses bras.

Rastoul, mon ami!

PIMPRENELLE.

Son ami! (A Rastoul.) Comment, capitaine?

(Au mot de capitaine, grande stupéfaction de Berlaudier.)

RASTOUL, avec force.

Il n'y a plus d'autre capitaine ici que ce grand homme!

TOUS.

Quoi!

RASTOUL.

N'avez-vous donc pas reconnu l'immortel Gaspard de Besse, le roi des bandits?

TOUS.

Est-il possible!

BERLAUDIER, à part.

Horreur!... si je les désabuse, je suis *capoute*... (Avec effroi.) parfaitement *capoute!*... (Haut.) Oui, mes enfans!

PIMPRENELLE, à part, en l'examinant d'un air de doute.

Comment! c'est là ce fameux...

TOUS LES BANDITS.

AIR de l'Introduction du Chaperon rouge.

C'est lui!

RASTOUL,

Je vous l'amène,

TOUS LES BANDITS.

O ciel! quelle était notre erreur!
Gloire au vaillant capitaine!
        Honneur, honneur,   }
        Au grand voleur!   } bis.

BERLAUDIER, avec simplicité et allant de groupe en groupe.

Pardon, si mon âme est troublée;
De mon bonheur jugez l'excès,
De voir une telle assemblée
Rendre un si pur hommage à de légers succès.
Ah! je sens ma valeur doublée
Du prix que l'on attache à mes faibles essais,

TOUS, avec éclat en agitant leurs chapeaux.

Gloire au vaillant capitaine!
Honneur, honneur,
Au grand voleur!

BERLAUDIER, à part.

Capitaine de voleurs! O Armande! c'est maintenant que tu aurais le droit de me mépriser!

RASTOUL, gaîment.

Croiriez-vous que, sur une promesse d'un gouvernement, il voulait passer en Amérique... où
on l'aurait fait travailler aux mines... mais, moi,
je l'ai arraché aux griffes de la maréchaussée...

BERLAUDIER.

Ce cher Fleur-des-Bois!... (A part, en lui prenant la main.) Si les bois de ce pays ne produisent
que des fleurs de ce genre-là, je plains les bota-
nistes.

PIMPRENELLE.

Mais si c'est vraiment Gaspard de Besse?...

RASTOUL, avec autorité.

Qui est-ce qui en doute? quand je le dis, moi?
quand je l'ai vu travailler?... quand je suis le
premier à le reconnaître pour mon chef?

(Il le presse dans ses bras.) *

BERLAUDIER.

Mon ami!... (A Pimprenelle, en désignant Rastoul.) Quel gueux!

PIMPRENELLE, mécontent.

Hein?...

BERLAUDIER, prenant un air riant, pour pallier sa
bévue.

Non, je dis quel gueux!... quel scélérat ça fait,
va! Hé! hé!

PIMPRENELLE, à Rastoul.

Mais, pourquoi, tout à l'heure, se laissait-il
faire?

RASTOUL.

Comment, tu ne comprends pas, Pimprenelle?

BERLAUDIER.

Il ne comprend pas... Pimprenelle.

RASTOUL.

Il voulait vous éprouver!...

BERLAUDIER.

Pas autre chose... mais pas autre chose...

RASTOUL.

Il a dû bien rire en lui-même, le capitaine.

BERLAUDIER.

Oh! ça, oui! j'ai bien ri... (A part, tristement.)
En moi-même... (Haut.) Je désirais connaître votre manière d'opérer, mes gaillards... Chacun a la
sienne... Vous avez la vôtre... qui est un peu...
disons le mot, sans nous fâcher, elle est un peu...
brusque...

PIMPRENELLE, aux autres, d'un air de doute.

Ah! je ne sais pas, je ne sais pas, mais...

RASTOUL.

Allons, en avant la gourde, pendant que le ca-

* Pimprenelle, Berlaudier, Rastoul.

pitaine va nous conter quelques uns de ses bons
tours.

TOUS.

Oui! oui!   (On fait circuler la gourde.)

RASTOUL.

Car vous en avez fait, et des fameux des tours...
les gazettes en sont pleines.

BERLAUDIER, naïvement.

Je n'en savais rien... je n'y suis pas abonné.

RASTOUL.

Le mot est bon... (Tous les bandits rient.) Il est
gai, il est très gai. Parlez, nous allons rire.

BIBICHE, d'une voix sépulcrale.

Rions!

BERLAUDIER, après avoir regardé Bibiche d'un air
inquiet.

Mes amis... mes bons... et surtout mes dignes
amis... (A part.) Qu'est-ce que je vais leur dire, à
ces gueux-là? (Haut.) Certainement, j'ai fait
bien... des petites... fredaines... mais je vous
avoue que... franchement là... faire son propre
éloge... je trouve ça un peu dégoûtant.

RASTOUL.

A bas la modestie!

TOUS.

Oui! oui!

PIMPRENELLE.

C'est pas des histoires qu'il nous faut, c'est des
actions! A-t-il un bon coup à nous proposer?

RASTOUL.

Il en a toujours.

BERLAUDIER.

Je vous avoue que j'en ai un assez drôle... en
tête... (A part.) C'est de m'en aller. (Haut.) Je le
crois même très bon... (On se rapproche de lui
avec intérêt.) Mais le moment n'est pas venu de
le mettre à exécution... malheureusement.

RASTOUL.

En attendant, moi, j'ai une affaire qui mi-
tonne.

TOUS.

Qu'est-ce que c'est?

BERLAUDIER, à part.

Oh! que j'embrasserais volontiers un gendarme!

RASTOUL.

Figurez-vous que, comme je me dirigeais de ce
côté, j'ai rencontré une chaise de poste.

PIMPRENELLE.

Bon!

BIBICHE, de sa grosse voix.

Bon!

BERLAUDIER, en regardant Bibiche.

Ah! le vilain ténor!

RASTOUL.

Arrivé au grand raidillon, les chevaux allaient
au pas, le postillon mit pied à terre... il faisait
noir à ne pas distinguer son bras droit de sa

* Pimprenelle, Rastoul, Berlaudier.

jambe gauche ; je m'approche et je lui dis :
Qu'est-ce qu'il y a dans ta boîte ? —Il me répond :
Deux femmes et des paquets.

TOUS.

Bon !

BIBICHE.

Bon !

BERLAUDIER, à part, après avoir fait un mouvement en entendant la voix de Bibiche.

Infortunés !

RASTOUL.

Je m'approche encore et je reconnais... devine
qui, Pimprenelle ?... C'était Serpolet, un ami, un
ancien camarade.

BIBICHE.

Tiens !

BERLAUDIER, à part.

Serpolet ! Pimprenelle ! je suis tombé au milieu
d'un potager !

RASTOUL.

Alors, je lui dis : Tourne à gauche... (On entend des coups de fouet. — Écoutant.) Mais, chut !...
des coups de fouet !... le signal convenu... les
voilà !...

TOUS, remontant.

Les voilà !...

RASTOUL.

Vos ordres, capitaine?

BERLAUDIER, à part.

Grand Dieu ! (Haut.) Eh bien... quittez-moi
toutes ces armes qui peuvent les effrayer.

PIMPRENELLE, aux autres qui redescendent.

Ah ça ! mais... il est idiot !...

RASTOUL.

Tu ne vois donc pas, Pimprenelle, que c'est du
génie... Je saisis son idée, à ce grand homme !...
O grand homme !...

(Il prend Berlaudier dans ses bras.)

BERLAUDIER, à part.

Que cet être-là a une tendresse fatigante, mon
Dieu !...

PIMPRENELLE.

Après ?...

RASTOUL.

Au lieu d'effrayer les voyageurs, ce qui pourrait les faire mettre sur leurs gardes, nous les
invitons poliment à descendre à notre auberge...
(Indiquant la maison.) C'est censé une auberge...

BERLAUDIER, galment.

Voilà !...

RASTOUL.

Y a-t-il de quoi se déguiser, dans cette bastide,
qui appartient à un négociant d'Ollioules qui nous
l'a louée à son insu ?

TOUS.

Oui, oui !

RASTOUL.

Dépêchons !...

(Les brigands entrent dans la maison.)

PIMPRENELLE, d'un air de défiance.

Tout ça... tout ça...

RASTOUL, à Pimprenelle.

Comprends donc que s'il arrivait main-forte
aux voyageurs... qu'est-ce qu'elle aurait à dire..
la main-forte ?...

PIMPRENELLE.

Mais...

BERLAUDIER.

Quoi ?...

PIMPRENELLE.

Mais...

BERLAUDIER.

Quoi ?... je demande à monsieur Pimprenelle
quoi ?...Ça saute aux yeux !...
(Pimprenelle lui tourne le dos. — Les brigands sont
rentrés en scène, ils ont tous mis des tabliers de
cuisine qui cachent leurs pistolets. — Ils ont laissé
leurs carabines dans la maison. — On donne aussi
un tablier à Pimprenelle.)

RASTOUL, aux brigands, en leur montrant le fond,
à droite.

Tournez le grand raidillon et rattrapez-les au
bas de la côte.   (Il indique la gauche, au fond.)

CHOEUR DES BRIGANDS.

AIR de Michel et Christine.

En avant,
C'est charmant !
Allons, grâce à nos mascarades,
Au succès, camarades,
Nous allons voler en riant.

RASTOUL.

La chose est gaie et peu commune,
Moi, je suis heureux quand je ris.
Il faut rire en faisant fortune,
Capitain', n'est-c' pas votre avis ?

BERLAUDIER.

Assurément ! moi, je pense de même,
J'ai toujours aimé la gaîté.

(A part.)

Mais je puis dire avec sincérité :
Que je suis loin de cell' que j'aime.

REPRISE DU CHOEUR.

En avant, etc.

(Ils sortent par les plans montueux du fond, à droite.
— Rastoul, seul, sort par le fond, à gauche.)

SCÈNE IV.

RASTOUL, BERLAUDIER.

BERLAUDIER, à part, en se disposant à s'esquiver.

Et moi, je détale avec une certaine activité.

(Il se dirige vers le premier plan, à droite, et disparaît
derrière l'arbre.)

RASTOUL, qui a disparu un instant, revenant sur ses pas.

Eh ben ! où est-il donc ?... Capitaine !... capitaine !...

BERLAUDIER, se montrant.

Hein ?...

RASTOUL.

Vous ne venez pas ?

BERLAUDIER, s'avançant.

Moi ?... oh !... Croyez-vous que ce soit bien...
Je pensais que pour une vétille..,et puis je disais...
je ferai l'aubergiste...

RASTOUL.

C'est juste... Je serai un voyageur, moi... J'a-
morcerai les autres !...   (Il rit.)

BERLAUDIER.

C'est que... je n'ai pas le costume...

RASTOUL.

S'il ne faut que ça... je vais vous en procurer
un... (Il se dirige vers la maison.) Ah ! ah ! ça va
être amusant !... (Il entre dans la maison en riant.)

BERLAUDIER, un instant seul.

Ils ont une manière de rire qui me fait frissonn-
ner... Voilà des sacripans !... O malheureuse
Provence !... qui reconnaîtrait là les descendans
des anciens troubadours ?... Plus personne... pro-
fitons du moment pour abdiquer mes pouvoirs...
à toutes jambes.

(Il sort en courant par les plans éloignés, à gauche.)

RASTOUL, rentrant avec un tablier et un bonnet
de coton.

Capitaine... Tiens, où donc est-il passé?... Il
n'aura pas pu y tenir... Il sera allé rejoindre les
camarades... (On entend au dehors un bruit confus
de voix.) La conquête est faite !... Vivat !...

BERLAUDIER, rentrant tout effaré.*

Est-il possible !... Quel événement !...

RASTOUL.

Quoi donc ?...

BERLAUDIER.

La nièce de M. Cavailles !...

RASTOUL.

Mlle Armande ?...

BERLAUDIER.

Avec une vieille femme !...

RASTOUL.

Urgèle!... Quelle chance!... Les diamans sont
à nous !...

BERLAUDIER, à part.

Armande !... Armande en danger... Je n'ai
plus le droit de décamper à présent: voilà une
situation !... (Haut.) Il ne faut pas qu'elles nous
voient... Viens !... suis-moi !...

RASTOUL, avec joie.

Je saisis !... Il faut nous réserver une entrée
dans la maison... Il y a encore la dot !... Comme
il entend ça !...

(Ils entrent dans la maison, sur la ritournelle du
chœur qui suit.)

* Berlaudier, Rastoul.

SCÈNE V.

PORQUEROLLES, URGÈLE, ARMANDE,
PIMPRENELLE , et CINQ AUTRES BRI-
GANDS, entrant confusément.

(Chacun des voyageurs est placé entre deux faux garçons d'auberge, qui les tiraillent en tous sens, comme les garçons ont l'habitude d'en user avec les
voyageurs. — Pimprenelle est à l'extrême droite.)

TOUS LES FAUX GARÇONS D'AUBERGE.

AIR : Rentrez, rentrez chez vous.

Entrez, entrez chez nous ;
On aura des égards pour vous.
C'est le meilleur hôtel ;
Les environs n'ont rien de tel !

TROIS GARÇONS, s'adressant, l'un à Armande, l'autre
à Urgèle, le dernier à Porquerolles, et parlant tous
trois en même temps.

Not' bourgeoise... mon général... le Soleil
d'Or !... le Soleil d'Or !...

TROIS AUTRES GARÇONS, tiraillant les voyageurs
en sens inverse et parlant en même temps que les
premiers.

Mon général... not' bourgeoise... le Grand
Monarque !.. le Grand Monarque !...

(Ils ont déjà ôté des mains de Porquerolles et d'Armande leurs bagages.)

ARMANDE.

Je vous prie de me laisser !

URGÈLE , repoussant un des bandits qui cherche à
lui enlever un sac de nuit et un paquet qu'elle tient.

Ne tirez donc pas comme ça !

PORQUEROLLES, avec humeur.

Sacrebleu! allez-vous vous tenir tranquilles!

LES BRIGANDS, recommençant leurs litanies.

Mon général.... not' bourgeoise.... le Soleil
d'Or ! le Soleil d'Or !

AUTRES BRIGANDS.

Mon général... not' bourgeoise... le Grand
Monarque!

URGÈLE.

Vous m'ennuyez !

(Les bandits lui arrachent ses bagages.)

PORQUEROLLES.

Pourquoi avoir descendu les bagages? Je veux
continuer ma route.

(Pimprenelle fait signe aux faux garçons de s'éloigner;
ils emportent les valises, cartons et sacs de nuit.)

ARMANDE, sévèrement.

Permis à vous, monsieur; mais, quant à moi,
je n'irai pas plus loin.

PORQUEROLLES, à part.

Quel contretemps !

URGÈLE, à Pimprenelle.

Alors, servez le déjeûner... ici, en plein air....
N'est-ce pas, mamselle ?

ARMANDE.

Soit.

URGÈLE, à Pimprenelle.

D'abord, un poulet !

PIMPRENELLE.

C'est qu'ils sont encore bien jeunes ; ils sont encore dans l'œuf.

URGÈLE.

Ah !... Eh bien ! des œufs frais...

PIMPRENELLE.

C'est qu'ils sont bien avancés : la poule les couve.

PORQUEROLLES.

Je crois que ce butor se permet...

URGÈLE.

Servons, vite et chaud, ce que nous avons de mieux... ou sinon...   (Elle lève la main.)

PIMPRENELLE, avec humeur.

Hein ?

URGÈLE.

Obéissez ! (Pimprenelle se dirige vers la maison.)

PORQUEROLLES, avec hauteur, à Pimprenelle.

Qu'est-ce que c'est... qu'est-ce que c'est ?...

PIMPRENELLE, sur le seuil de la porte, d'une voix sombre et brusque.

La poule les couve !   (Il sort.)

SCÈNE VI.

PORQUEROLLES, ARMANDE, URGÈLE ; puis PIMPRENELLE et UN FAUX GARÇON D'AUBERGE.

PORQUEROLLES.

Vous m'avouerez, ma chère demoiselle, que vous avez singulièrement choisi l'endroit de notre halte.

URGÈLE.

Ça, c'est vrai ; où sont-elles donc leurs auberges ? ils les cachent donc ?

(Elle remonte pour regarder.)

ARMANDE.

C'est que vous ne m'avez pas, monsieur, laissé la liberté du choix ; votre apparition subite sur la route que nous suivions, votre persistance à ne point nous quitter, m'ont bien forcée de m'arrêter ici.

PORQUEROLLES, vivement.

AIR de Téniers.

Il se pourrait ! vous m'accusez, Armande ?

ARMANDE.

Votre insistance a lieu de m'offenser.

PORQUEROLLES.

Ne faut-il pas un bras qui vous défende
Contre un danger qui peut vous menacer ?

ARMANDE.

A m'effrayer je ne suis pas si prompte...

PORQUEROLLES.

Quoi ! voyager, presque seule, et la nuit ?...

ARMANDE.

Parfois, monsieur, le danger qu'on affronte
Est préférable au danger qui nous suit.

PORQUEROLLES.

Vous penseriez....

ARMANDE.

Je pense, monsieur, qu'en poursuivant votre chemin seul... vous nous permettrez de quitter bientôt cette maison, qui, en effet, n'est peut-être pas très convenable.

(Un faux garçon d'auberge et Pimprenelle ont apporté deux escabeaux et une petite table, sur laquelle il y a du pain bis, du fromage, des noix, un pot de vin et une cruche d'eau.—Ils posent la table devant le gros arbre.—Le faux garçon sort.)

PORQUEROLLES.

M'autorisez-vous, du moins, à déjeûner ici ?

ARMANDE.

Avec moi ?... en tête-à-tête ?

URGÈLE.

Oh ! c'est une table d'hôte. (Regardant la table.) Qu'est-ce que c'est ?... du pain bis, des noix et du fromage !.. Il n'y a ni viande ni gibier ?

PIMPRENELLE, qui achève de mettre le couvert, et brusquement.

C'est aujourd'hui vendredi !

(Il rentre dans la maison.)

PORQUEROLLES, à Armande.

Et vous voulez séjourner ici ?

ARMANDE.

Cela dépend de vous.

URGÈLE, à elle-même.

Moi, je vas toujours déjeûner.

(Elle s'assied, coupe une miche de pain bis et prend des noix.)

PORQUEROLLES.

Ecoutez-moi, Armande... Votre oncle, par ses retards, a irrité mon impatience.

ARMANDE.

Quoi ! en m'accompagnant ainsi, sans son aveu, auriez-vous donc voulu, par un scandale, le contraindre à se décider plus vite ?

PORQUEROLLES.

Vous l'avouerai-je ? cette pensée, un moment, oui, je l'ai eue.

ARMANDE.

Ah !

PORQUEROLLES.

Je me disais : si, au lieu de se rendre à Grenoble, chez sa tante, Armande consentait à me suivre à Marseille...

ARMANDE.

Ne l'espérez pas !

URGÈLE, mangeant.

Ne l'espérez pas !

PORQUEROLLES, avec réserve.

Ce consentement, je l'obtiendrais de vous peut-être plus facilement, s'il n'était plus temps de le refuser ; si, depuis quelques heures déjà, nous n'étions plus sur la route de Grenoble.

ARMANDE, remontant.

Vous m'effrayez !... En effet... ces montagnes...
Où sommes-nous donc, monsieur ?

PORQUEROLLES.

Dans les gorges d'Ollioules, entre Toulon et
Marseille.

URGÈLE, se levant.

Ah ! bagasse !

ARMANDE.

Un tel procédé !...

PORQUEROLLES.

Est un peu romanesque... j'en conviens... Simu-
ler un enlèvement...

URGÈLE.

Un enlèvement !... il nous a enlevées, troun
de laire !

(Elle s'avance menaçante sur Porquerolles.)

ARMANDE.

Urgèle !

PORQUEROLLES.

Mais ne suis-je pas votre fiancé ? ai-je un autre désir que celui de devenir votre époux ?

URGÈLE, se radoucissant.

Au fait !

ARMANDE.

Mais ma réputation, monsieur, ma réputation ?

PORQUEROLLES.

Elle est entre mes mains... Oui, Armande, disons les choses sans détour : maintenant, votre
sort dépend de moi ; vous ne pouvez plus sortir
d'ici que pour me suivre, car, votre postillon, je
l'ai mis dans mes intérêts.

ARMANDE.

Moi, vous suivre !...

URGÈLE, à part.

Ah ! la main me démange.

PORQUEROLLES, avec résolution.

Si vous restez, je reste !

(Dans ce moment, Berlaudier et Rastoul se mon-
trent à la porte de la maison et écoutent. — Rastoul
a le même costume qu'à sa première entrée. — Berlaudier a ajouté au sien un tablier et un bonnet
de cotou.)

SCÈNE VII.

RASTOUL, BERLAUDIER, PORQUEROL-
LES, ARMANDE, URGÈLE.

PORQUEROLLES, continuant.

L'excès de mon amour est un titre à votre in-
dulgence ; et, quoi que vous fassiez, maintenant,
vous le voyez, aux yeux de tous, je vous ai enlevée.

(Armande, très froissée, va s'asseoir auprès de la
table.)

BERLAUDIER, à part.

Enlevée !... C'était mon rival !

RASTOUL, gaîment, à part.

Ah ! le matois !

PORQUEROLLES.

Eh bien ! dites un mot ; je vous reconduis à
Brignolles ; tous deux, ensemble, nous nous pré-
senterons au chevalier de Cavailles, qui sera bien
forcé de consentir à notre union... Vous ne ré-
pondez pas ?

ARMANDE, comme prenant une résolution.

Faites atteler à l'instant !...

PORQUEROLLES.

Ah ! je suis le plus heureux des hommes !

BERLAUDIER.

Pas moi.   (Il disparaît une seconde.)

PORQUEROLLES, en sortant.

Enfin !

(Il sort par le fond à gauche. — Berlaudier remonte
vivement le théâtre, suivi de Rastoul, à qui il parle
bas.)

BERLAUDIER.

Va !

RASTOUL, à demi-voix, à Berlaudier.

Oui, maître !... Il pense à tout !

(Il suit furtivement Porquerolles. — Berlaudier le suit
du regard et disparaît un instant.)

ARMANDE.

Urgèle, dites qu'on prépare nos paquets, qu'on
les porte à la voiture !

URGÈLE, passant à gauche.

Oui, mamselle. Allons, du courage ; c'n'est pas
un beau trait qu'il a fait là, mais vous lui revau-
drez ça plus tard. Avec les maris, il y a toujours
de la ressource.   (Elle entre dans la maison.)

SCÈNE VIII.

BERLAUDIER, ARMANDE, puis RASTOUL,
PIMPRENELLE, URGÈLE.

BERLAUDIER, venant du fond, à part.

Il l'a enlevée ! et elle consent à le suivre encore !

ARMANDE, assise, le coude sur la table, et plongée
dans ses réflexions.

Je ne sais quoi me disait que ce M. de Porquerolles n'avait pas des sentimens aussi purs, aussi
nobles que je l'avais pensé d'abord.

BERLAUDIER, à part.

Elle va m'entendre cependant... Ah ! mes jambes flageolent... (Il paraît en proie à une vive émotion, il abaisse les bords de son bonnet de coton jusque
sur le nez.) Un voile épais s'étend sur mes yeux...
(Il cherche à se rapprocher d'Armande. — Haut.) Mademoiselle...
(Il semble perdre connaissance, et tombe sur un banc
près de la maison.)

ARMANDE, se levant vivement.

Qu'est-ce donc ? un des garçons de cette auberge qui se trouve mal !... Pauvre homme !...
(Elle s'approche de Berlaudier qui est immobile, elle
lui frappe dans les mains pour le faire revenir
à lui.)

BERLAUDIER, d'une voix faible.

Elle me tape dans les mains !

ARMANDE.

Mais il doit étouffer ainsi !... (Elle relève les bords de son bonnet, et pousse un cri en le reconnaissant.) Ah !

BERLAUDIER, comme se réveillant en sursaut, et se levant.

Quoi ?

ARMANDE.

Encore vous, monsieur !

BERLAUDIER.

Du tout ! c'est vous !... Comme hier ! comme toujours !

ARMANDE.

Sous un pareil costume !... Vraiment... quoique je n'aie pas envie de rire en ce moment... (Elle rit.) Ah ! ah ! ah !... Seriez-vous donc le maître de cette auberge ?

BERLAUDIER.

J'y règne... pour vous sauver... et moi aussi,... si faire se peut...

ARMANDE, riant toujours.

Vraiment... Pardon... c'est que vous avez une figure si singulière !... (A part.) Il n'y a plus moyen de le prendre au sérieux. (Elle rit.) Ah ! ah ! ah !

BERLAUDIER, à part.

Elle se moque de moi ! elle qui m'a fait ceindre le casque...

ARMANDE, riant.

Ah ! ah ! ah !

BERLAUDIER.

A méche !

ARMANDE, reprenant son sérieux.

Monsieur l'hôte, je vais partir...

BERLAUDIER.

Avec lui ?... Vous ne partirez pas !

ARMANDE.

Comment ! je ne partirai pas ? Auriez-vous la prétention de me retenir ici malgré moi ?

BERLAUDIER.

Non !... si vous y restez volontairement... Rappelez-vous mon mot... il était bien bon ! Si demain, 24e de mai 1780, vous êtes encore à mes trousses...

ARMANDE, d'un air blessé.

Comment ? monsieur !

BERLAUDIER.

A mes trousses !... Le mot n'est pas poétique, mais il très bon ! Si demain... 24e de mai 1780, vous êtes encore à mes trousses... il y aura quelque chose de grave entre nous... (Très animé.) Vous l'ai-je dit ?... Oui ! Eh bien ! vous deviez aller à Grenoble, moi à Marseille, je suis sur ma route, donc vous me poursuivez !... Il va y avoir une catastrophe...

ARMANDE.

Monsieur !...

BERLAUDIER.

Mais quel est donc le lien secret qui coud votre destinée à la mienne ? Lequel de nous deux est le cerf-volant de l'autre ? C'est affreux, cette pensée là, savez-vous ?

AIR : Il me faudra quitter l'empire.

Oui, le sort tient la ficelle invisible
Qui nous unit, je ne sais pas pourquoi.
Moi, je vous fuis comme il n'est pas possible,
Et du destin, voyez l'étrange loi,
Quand je vous fuis, je vous traîne après moi.
Ainsi toujours, soit devant, soit derrière ,
Hors d'état de vous dégager,
Je n'ose plus, tant j'ai peur du danger,
Prendre un bain en pleine rivière,
Ne sachant pas si vous savez nager.

(Dans ce moment, Rastoul, Pimprenelle et un autre bandit, bientôt suivi de tous les autres, paraissent au fond, dans leur costume de garçons d'auberge. — Rastoul n'a plus de pistolets à la ceinture.)

ARMANDE, prenant le ton sérieux.

Monsieur, puisque vous êtes le maître de cette auberge, je vous prie de me dire ce que je vous dois.

BERLAUDIER.

La carte ?

ARMANDE.

Oui.

BERLAUDIER, très animé.

Très bien ! Réglons ! je ne demande qu'à régler...

(Il fait un mouvement, à part, et porte le doigt à son front comme s'il lui venait une inspiration.)

RASTOUL, bas, aux bandits.

Silence, vous autres... Nous allons voir si les soupçons de Primprenelle...

PIMPRENELLE, bas.

J'ai pas confiance !

BERLAUDIER, après avoir réfléchi.

On a préparé des appartemens...

ARMANDE.

Oh !... je ne les occuperai pas...

BERLAUDIER.

La voiture a remisé... le déjeûner...

ARMANDE.

Oh !

BERLAUDIER.

C'est douze mille francs... et huit sous.

LES BANDITS, émerveillés, à part.

Oh !

ARMANDE.

Douze mille francs !... un pareil repas !

BERLAUDIER.

J'ôte les huit sous !

ARMANDE.

Des noix !...

BERLAUDIER.

Les noix sont très chères ici.

ARMANDE.

Monsieur, cette plaisanterie... je n'ai pas l'habitude de me commettre avec vos pareils !... Je vous dois ?...

BERLAUDIER.

Douze mille livres ! Sinon je fais saisir les paquets et même les voyageurs ! (A part.) Pars avec Porquerolles à présent !

RASTOUL, à part, dans le fond.

Sublime ! (A Pimprenelle.) Qu'est-ce que tu disais donc, toi ?

PIMPRENELLE, avec humilité.

Dame !...

ARMANDE.

Quelle audace ! et M. de Porquerolles qui n'est pas là !

URGÈLE, sortant effarée de la maison.

Ah !... ma chère demoiselle... vous ne savez pas ! (Apercevant Berlaudier, et poussant un cri.) Ah !

ARMANDE.

Tu connais cet homme ?

URGÈLE, tremblante.

Mais... mais... c'est... c'est Gaspard de Besse !

ARMANDE, jetant un cri, et passant à gauche auprès d'Urgèle.

Gaspard de Besse !

TOUS LES BANDITS.

A bas les tabliers !

(Berlaudier ôte son tablier et son bonnet de coton, et, après le chœur, voyant Armande près de défaillir, il lui porte un escabeau, sur lequel elle s'assied, après avoir chanté le milieu de l'air.)*

CHŒUR DES BANDITS, avec éclat.

AIR du Capitaine noir. (Ravina.)

Oui, c'est lui-même,
Le chef suprême,
L'effroi du pays,
Le roi des bandits !

ARMANDE, regardant Berlaudier avec anxiété, à part.

Qui jamais l'aurait dit !...
Ah ! j'en suis tout émue...
Quoi... c'était un bandit...
O ciel ! je suis perdue !

BERLAUDIER, douloureusement, à part.

O comble des horreurs !
Pour qui va-t-ell' me prendre ?
Moi, cet amant si tendre,
Capitain' de voleurs !
Ah ! capitain' de voleurs !

CHŒUR DES BANDITS.

Oui, c'est lui-même, etc.

URGÈLE.

Nous sommes dans un coupe-gorge !... Ils nous ont chipé les diamans... et tout... jusqu'à ma tabatière...

(Pendant le dernier chœur et ce qui suit, on a affublé Berlaudier d'une ceinture garnie de pistolets et de poignards, on lui a mis sur les épaules un manteau rouge.)

* Armande, Urgèle, Berlaudier, Pimprenelle, brigands au fond, Rastoul dans la foule.

PIMPRENELLE, à Berlaudier, en lui mettant un chapeau gris pointu, bord et galon rouges, orné d'une plume de coq.

Capitaine, maintenant nous vous reconnaissons comme digne de porter les insignes, et de nous commander.

BERLAUDIER, à part, d'un air consterné.

L'agneau couvert de la peau du peau du lion, fable !

URGÈLE, à Berlaudier.

Et mon pauvre Rastoul, qu'est-ce que tu en as fait, ignoble que tu es ?

BERLAUDIER, désignant Rastoul, qui prend aussitôt une pose de contrition.

Voilà.

URGÈLE, se jetant dans les bras de Rastoul.

Ah !...

RASTOUL.

Ma biche !

URGÈLE, avec désespoir.

Prisonnier !

RASTOUL.

Oui... comme ce bon M. de Porquerolles.

ARMANDE, à part.

Henri !... plus d'espoir !...

URGÈLE.

Et vous ne vous êtes pas défendu ?

RASTOUL, d'un air piteux et regardant les bandits en frémissant.

Ils me font peur.

URGÈLE.

Un homme !... Ah ! à votre place... moi, je...

RASTOUL.

Oui, vous ! mais moi... Ils me font peur !... ils sont si laids ! (Les bandits rient.)

PIMPRENELLE, à qui un bandit a remis les objets pris à Urgèle.

Capitaine, voici les objets empruntés...

URGÈLE.

Volés !...

PIMPRENELLE.

Où faut-il les déposer ?

BERLAUDIER, piteusement.

Donnez !

PIMPRENELLE.

Un écrin de diamans.

BERLAUDIER, de même.

Donnez ! (Il le met dans sa poche. — A part.) C'est propre ce que je fais là !

PIMPRENELLE.

Une paire de jarretières.

BERLAUDIER, avec émotion.

Oh ! (Il les presse sur son cœur.) Elles ne me quitteront jamais !

URGÈLE.

C'est à moi qu'elles appartiennent !

* Armande, Urgèle, Rastoul, Berlaudier, Pimprenelle.

BERLAUDIER.

Oh ! sapristi !

(Il les retire vivement de dessus son cœur et les remet à un voleur qui est près de lui.)

PIMPRENELLE.

Puis... la bourse... la montre... du jeune homme.

BERLAUDIER.

Donnez !   (Il met tout dans ses poches.)

URGÈLE.

Brigand !

ARMANDE, à part, en examinant curieusement Berlaudier. Elle s'est levée.

Il n'y a plus à en douter... Gaspard de Besse !

BERLAUDIER, à part.

Si je lui demandais dans ce moment-ci un certificat de moralité, il est douteux qu'elle me le donnât !

PIMPRENELLE.

Capitaine, si nous les faisions chanter... ça nous amuserait.

BERLAUDIER, tristement.

Croyez-vous ?

TOUS, avec force.

Oui, oui !

PIMPRENELLE, qui va à Armande.

Allons, la belle, une chansonnette !

ARMANDE.

Mais... je ne puis...

BIBICHE, qui est à la gauche d'Armande et de sa plus haute voix.

Chantons !... et soyons gaie !

(Il remonte le théâtre et vient se placer à l'extrême droite. — Les bandits se groupent de côté et d'autre. — Berlaudier est auprès de l'arbre, très penaud ; il cherche à se donner une tournure martiale en appuyant sa carabine sur un quartier de roc et en se posant. — Les personnages sont ainsi placés : Rastoul, Urgèle, plus haut un groupe de quelques brigands dans lequel est Pimprenelle ; au fond, plusieurs brigands assis dans diverses attitudes ; à droite, Bibiche et deux brigands. — La scène est tout à fait dégagée, Armande est au milieu, et Berlaudier auprès de l'arbre, comme il a été dit.)

ARMANDE, à part, par inspiration.

Ah !

AIR de la Catarina, scène cinquième du premier acte des Diamans de la Couronne.

(Avec intention.)

Missour, enfant de la rive étrangère,
Parlait d'amour à Berthe la bergère ;
Toujours la poursuivant,
Il se montrait galant,
Et le galant Missour n'était rien qu'un forban.

(Berlaudier, par ses gestes, exprime, à part, qu'il comprend l'allusion.)

CHOEUR DES BANDITS.

Ah, le bon tour ! ah ! le bon tour !
Nous approuvons Missour !
Un forban, certe,

Surtout en fait d'amour,
Valait bien Berthe.

(Les brigands causent entre eux et ne regardent plus Armande.)

ARMANDE, se rapprochant de Berlaudier avec une intention plus marquée.

Un jour de Fête-Dieu,
Surprise au rivage,
Elle tombe au milieu
De son équipage.

(Avec expression en regardant Berlaudier.)

Missour,
La bergère
En toi seul espère !
Sauve-la, prouve ton amour,
Redoutable Missour.

(Berlaudier, qui a exprimé comiquement, à part, sa compassion, se rapproche d'Armande et va lui parler pour la tranquilliser, lorsque Pimprenelle vient se placer entre eux, et, sous forme de félicitation, adresse à Berlaudier le troisième et le quatrième vers du chœur suivant.)

ENSEMBLE.

CHOEUR DES BANDITS et RASTOUL.

Nous aussi, sous la tente verte,
Nous voulons avoir une Berthe.
Gaspard le bandit, en amour,
Vaut bien le corsaire Missour.

BERLAUDIER.

Grand Dieu ! pour courir à ma perte,
Quelle occasion m'est offerte !
Près de l'objet de mon amour,
Je dois passer pour un pandour.

URGÈLE.

Oh ! pour ma vertu quelle alerte,
Je vais avoir le sort de Berthe,
O Rastoul, toi, mon Missour,
Quel accident pour ton amour !

PIMPRENELLE, avec force.

Second couplet !

BERLAUDIER.

Non !

BIBICHE, de sa grosse voix.

Ça m'intéressait !

BERLAUDIER, à part.

Oh ! je ne veux pas qu'elle croie plus longtemps... (Haut.) Que tout le monde se retire et qu'on me laisse seul avec madame.

BIBICHE, riant.

Gaillard !

URGÈLE, à Rastoul.

Je ne vous quitte plus, mon bibi !

(Elle entre avec Rastoul dans la maison, quelques bandits les suivent, les autres s'éloignent par le fond à gauche.)

CHOEUR DES BANDITS.

Nous aussi, sous la tente verte, etc.

SCÈNE IX.

BERLAUDIER, ARMANDE.

ARMANDE, à part, avec effroi.

Seule avec lui !

BERLAUDIER, ayant toujours la ceinture garnie d'armes, le chapeau et le manteau, a donné sa carabine à un des bandits qui l'a emportée, et remonte la scène pour s'assurer qu'on ne l'épie pas. — A part.

Oui, elle saura tout ! (Haut, avec résolution.) Mademoiselle !...

ARMANDE, effrayée.

Ah !

BERLAUDIER.

Oh ! rassurez-vous ! je suis incapable de faire usage de mes armes...Mademoiselle... (Après avoir regardé autour de lui.) j'ai à vous parler.

ARMANDE.

C'est m'honorer beaucoup.

BERLAUDIER, à part.

Tiens !

ARMANDE, à part.

Si je pouvais le fléchir.

BERLAUDIER.

Vous croyez peut-être que je suis un cannibale... que je mange des petits enfans à la vinaigrette. C'est une erreur... Je ne les aime pas.

ARMANDE.

Je sais, monsieur, que souvent des circonstances fatales... On n'est pas toujours maître de sa destinée.

BERLAUDIER.

Oh ! non !

ARMANDE.

Et, dans tous les états, il y a...

BERLAUDIER.

D'honnêtes gens... oui, mademoiselle.

ARMANDE.

Ce n'est pas absolument ça que je voulais dire...

BERLAUDIER, appuyant.

Il y en a.

ARMANDE, cherchant à le flatter.

Mais je comprends que l'esprit d'indépendance, l'amour de la domination, de la célébrité... toutes choses fort honorables en elles-mêmes, aient pu vous jeter dans l'état que vous avez embrassé.

BERLAUDIER, qui a marqué sa surprise muette de ce qu'il vient d'entendre. — A part.

Ah ! les scélérates de femmes ! quel sexe ! Elle me croit brigand, elle me cajole !... elle me trouve joli !

ARMANDE, à part.

Il faut bien l'adoucir.

BERLAUDIER, à part.

Plus moyen de parler ! Si je lui démontre que je suis simplement un brave garçon, elle va recommencer à me mépriser.

ARMANDE, à part.

Si je pouvais le ramener dans le bon chemin. (Haut.) Monsieur Gaspard, vous m'avez laissé entrevoir que j'avais quelque influence sur vous...

BERLAUDIER.

Mais je ne suis pas seul ici... Ces bandits n'ont ni foi ni loi... pas la moindre idée de moralité, ma chère demoiselle... Ça fait frémir ! (Regardant de tout côté et revenant à droite, près d'Armande.) Aussi ne me quittez ni jour ni nuit.., je vous dirai pourquoi.

ARMANDE.

Monsieur !

BERLAUDIER.

Je vous dirai pourquoi !

ARMANDE.

Mais alors... On m'a dit que vous vouliez renoncer à cette vie errante et dangereuse... Pourquoi n'avoir pas persisté ?...

BERLAUDIER.

Pourquoi ?... Parce que, quand le diable se mêle de nos projets, tout dégringole... (C'est de là que vient le mot célèbre : je crois que le diable s'en mêle. (Avec chaleur.) Oui, j'aimais une femme... une demoiselle, qui aurait pu faire de moi mille bonnes choses... mais vous m'avez repoussé, pour vous faire enlever par un tiers !

ARMANDE.

Enlever... à mon insu !

BERLAUDIER.

Torototo !... Il n'y a que les ballons qu'on enlève sans leur aveu... Votre fol amour pour ce Porquerolles, que vous avez suivi, avec lequel vous voyagez, la nuit... à l'heure où tous les chats...

ARMANDE.

Vous vous trompez !

BERLAUDIER, étourdiment.

Ils ne sont plus gris ?...

ARMANDE.

Mais il n'a jamais été question entre M. de Porquerolles et moi que d'un mariage de convenance. Je l'ai accueilli, parce que son nom, sa position sont honorables. Mais delà à un fol amour, il y a loin.

BERLAUDIER, avec exclamation de joie.

Vous ne l'aimez pas !... Alors, c'est au mieux !... c'est-à-dire, non... Mais c'est abominable ce que vous dites là !

ARMANDE.

Comment ?

BERLAUDIER.

Vous ne l'épousez alors que pour sa fortune et pour son nom ? C'est donc l'orgueil, c'est donc la cupidité qui vous poussent : deux vilains péchés. (Avec onction.) Mais, ma pauvre enfant, un pareil mariage n'est plus qu'un marché... et, un marché en matière de sentiment, c'est ce qu'il y a de plus immoral au monde.

ARMANDE, à part.

Quel langage !

BERLAUDIER.

Et lui, ce Porquerolles, qui vous a entraînée ici contre votre gré, n'a pas craint de compromettre l'honneur de celle qui doit être un jour sa compagne ! C'est donc encore joli ça ?... Non, Armande, cet homme n'est pas digne de vous... Il faut des époux assortis dans les liens du mariage.

ARMANDE, dont l'étonnement redouble, à part.

En vérité, ma surprise...

BERLAUDIER, s'animant.

Je vais plus loin, ô Armande! Vous êtes jeune, vous êtes jolie...

ARMANDE, modestement.

Oh !

BERLAUDIER.

Malheureusement! j'aimerais mieux que vous fussiez borgne et grêlée... grêlée surtout. Je ne serais pas où je suis ! (Brusquement.) Enfin, c'est un fait, quoi !... vous êtes jolie !

ARMANDE.

Monsieur...

BERLAUDIER, d'une voix émue et s'attendrissant peu à peu jusqu'aux larmes.

Non! vous n'épouserez pas ce... Porquerolles. Une telle union vous rendrait malheureuse... peut-être même coupable... Je ne veux pas le supposer, mais... je le crois...

ARMANDE.

Oh! monsieur...

BERLAUDIER.

Laissez-moi finir?...

AIR : Ce que j'éprouve en vous voyant.

Alors, avilie à vos yeux,
Entraînée au fond de l'abime,
Vous perdrez votre propre estime,
Ce bien secret, présent des cieux,
De la vertu trésor mystérieux !
(Avec beaucoup d'onction.)
Oh! que chacun vous honore et vous aime!
Gardez-vous bien d'un périlleux serment;
Et que toujours le monde, ô mon enfant!
Vous bénisse... comme moi-même
(Étendant les deux bras.)
Je vous bénis en ce moment !   (Ter.)

(Entre le bis et le ter du dernier vers, Berlaudier, voyant Armande absorbée dans ses pensées, lui frappe légèrement sur l'épaule, comme pour lui dire : «Vous ne remarquez pas ce que je fais ; » et c'est dans ce sentiment qu'il chante pour la troisième fois le dernier vers. — Armande s'est un peu retournée de son côté, et incline la tête. —Berlaudier étend les deux mains au dessus de la tête d'Armande. —Ensuite, il s'essuie les yeux avec le pommeau d'un de ses pistolets.)

ARMANDE.

Est-il possible ?

BERLAUDIER.

N'ayez pas peur : je ne tourne pas le canon de votre côté.

ARMANDE, à part.

Et moi qui voulais le convertir ! (Haut.) Monsieur Gaspard... vos raisons m'étonnent.

BERLAUDIER, vivement.

Tant pis !

ARMANDDE.

Mais elles me touchent.

BERLAUDIER, vivement.

Tant mieux !

ARMANDE.

Mais pourquoi faut-il que vous, qui avez si bien le sentiment moral, vous pratiquiez si peu...

BERLAUDIER, légèrement.

Oh ! comme tous les moralistes.

ARMANDE.

Mais je suis compromise ; il faut que je me justifie aux yeux de ma famille... Laissez-moi partir ?

BERLAUDIER, avec force.

Avec Porquerolles ? jamais!... Je vous reconduirai moi-même.

ARMANDE.

Vous ? dans ma famille !

BERLAUDIER.

Non pas chez Cavailles... J'ai eu à me plaindre de lui ; mais je veux vous remettre pure aux mains de votre respectable père.

ARMANDE.

Hélas! je n'en ai plus !

BERLAUDIER, avec compassion.

Ah! chère enfant ! elle n'a plus de père !

(Il lui donne un baiser sur le front. — Armande, très surprise, se recule.)

ooooooooooooooooooooooooooooooooooooooooooooooooo

SCÈNE V.

LES MÊMES, URGÈLE, puis PIMPRENELLE et PORQUEROLLES.

URGÈLE, venant de la maison, sur le seuil de la porte.

Jour de Dieu! il embrasse ma maitresse!

BERLAUDIER, à Armande.

Aux mains de votre respectable mère, alors.

ARMANDE.

Je l'ai perdue.

BERLAUDIER.

Aussi!... Orpheline ! si jeune!... Pauvre petite !   (Il lui donne un second baiser.)

ARMANDE, se retirant.

Mais, monsieur...

URGÈLE, allant vivement à Berlaudier.

Ah! tu insultes, mademoiselle, toi !*
     (Elle le repousse.)

BERLAUDIER, stupéfait.

Quoi donc?

* Armande, Urgèle, Berlaudier.

URGÈLE.

Ah ! brigand ! ah ! gueusard !...

(Elle lui donne des coups de poing.)

ARMANDE.

Urgèle !

BERLAUDIER, fuyant à droite, et tirant à demi un long poignard.

Sacrebleu ! Savez-vous bien à qui vous avez affaire ?

ARMANDE.

Urgèle !... Monsieur Gaspard.

URGÈLE, poursuivant Berlaudier, qui cherche à l'éviter.

Ça m'est bien égal ! Tiens ! voilà la monnaie de tes baisers, bandit !

(Elle lui donne des soufflets.)

BERLAUDIER.

Ventrebleu ! c'est trop fort !... Je vous prie de finir ! (Il frappe avec humeur sur la poignée de son poignard, et le fait rentrer dans le fourreau.) Quelle luronne !

URGÈLE, à part, en se frottant les mains.

C'est égal, je l'ai giflé à ma satisfaction !

PIMPRENELLE, venant de la maison, à Berlaudier.

Capitaine ! le prisonnier désire vous parler ; il a un secret à vous confier.

BERLAUDIER, à part.

Porquerolles ? (Haut.) Je n'y suis pas !...

PIMPRENELLE.

Le voilà !

BERLAUDIER, à part.

Sapristi !

(Il s'enveloppe dans son manteau. Pimprenelle se retire après avoir fait signe à Porquerolles d'avancer.)

ooooooooooooooooc ooooooooooooooooooooooooooooo

SCÈNE XI.

ARMANDE, URGÈLE, PORQUEROLLES, BERLAUDIER, ensuite RASTOUL, au fond.

PORQUEROLLES.

Capitaine, j'ai été assez heureux pour vous rendre un service que vous saurez reconnaître, je l'espère.

BERLAUDIER, grossissant sa voix.

Un service ?

PORQUEROLLES.

En faisant partir pour les colonies, à votre place, un certain Berlaudier... un imbécile. (Mouvement de Berlaudier.) Que vois-je ? c'est lui !

BERLAUDIER.

Je suis reconnu !

ARMANDE et URGÈLE.

Quoi ! monsieur ne serait pas ?

PORQUEROLLES.

Eh non, ce n'est qu'un amoureux ridicule qui, pour fuir le pouvoir de vos beaux yeux, voulait s'expatrier. (Mouvement d'Armande. Avec autorité.)

Mais il n'en va pas moins favoriser notre fuite en éloignant ces bandits.

BERLAUDIER, jetant derrière l'arbre sa ceinture garnie d'armes, son manteau et son chapeau.

Moi !... je ne suis plus rien, je ne me mêle plus de rien !

ARMANDE.

Quoi, monsieur, vous refusez ?

BERLAUDIER, allant à elle.

Mais si je vous fais échapper... ils sont capables de me pendre... Je sais bien qu'on dit que ce n'est pas aussi désagréable que ça en a l'air... mais je n'ose pas trop m'y fier... (Mouvement d'Armande.) N'importe, vous le voulez !...

URGÈLE, avec joie.

Nous sommes sauvées ! (Allant à Rastoul qui paraît au fond.) Ah ! mon bichon , il nous sauve !... ce n'est pas Gaspard de Besse.

BERLAUDIER, cherchant à la faire taire.

Chut !... que faites-vous ?

RASTOUL, menaçant, et s'avançant vers Berlaudier.

Ah ! scélérat !

URGÈLE, à Rastoul.

Mais, mon amour, vous ne comprenez donc pas...

RASTOUL, la repoussant rudement.

Paix ! la vieille !

URGÈLE, avec éclat.

La vieille !... il m'appelle la vieille !

RASTOUL, à Berlaudier.

Ah ! tu m'as fourré dedans !...

BERLAUDIER, accablé, mais d'un ton caressant.

Permettez... Si j'ai eu tort, l'intention était excellente ; je me disais : avec des gueux comme ça...

RASTOUL, courroucé.

Hein ?

PORQUEROLLES.

Mais, Rastoul...

RASTOUL, brusquement.

Il n'y a plus de Rastoul ici !

BERLAUDIER, d'un ton confidentiel.

C'est le vrai capitaine de la troupe.

TOUS.

Ciel !

RASTOUL, tirant une lettre, à Porquerolles.

Vous, mon gentilhomme, cette lettre que je pourrais lire tout haut suffit pour vous tenir en respect : vous serez tranquille. (A Berlaudier en le menaçant d'un pistolet.) Et vous, ne bougeons pas !...

(Il maintient ainsi Porquerolles par la lettre, et Berlaudier par le pistolet.)

BERLAUDIER.

Ah ! sapristi ! (Il se réfugie derrière Urgèle qu'il tourne devant Rastoul pour s'en faire un rempart ;

* Armande, Urgèle sur le devant, Berlaudier et Rastoul plus au fond, Porquerolles à l'extrême droite.

Urgèle se débat.) Misérable!... (A Porquerolles.) Et vous ne dites rien, vous? (Allant vivement à Porquerolles.) Mais il s'agit de la défendre!... nous sommes deux, il n'en tuera peut-être qu'un !

PORQUEROLLES.

Vous êtes charmant!

BERLAUDIER.

Le lâche !... (A Rastoul.) A nous deux alors. (Il se précipite sur Rastoul qui tire sur lui, et dont le pistolet rate.) Ah! coquin !

Il saisit la lettre que tient Rastoul.—Rastoul va lutter lorsqu'on entend une voix.)

CAVAILLES, hors de vue.

Poursuivez-les !... saisissez-les tous !...

RASTOUL, après avoir regardé derrière lui.

Malédiction ! les chapeaux à cornes !...

(Il fuit rapidement par la gauche. — Aussitôt Cavailles, suivi de soldats de la maréchaussée et de quelques paysans, descend rapidement les plans montueux de la droite.)

ooooooooooooooooooooooooooooooooooooooooooooooo

SCÈNE XII.

URGÈLE, ARMANDE, BERLAUDIER, CA-VAILLES, PORQUEROLLES, SOLDATS DE LA MARÉCHAUSSÉE.

CAVAILLES, entrant.

Saisissez-les. (Il a ajouté à son costume du premier acte une écharpe blanche et un chapeau à cornes garni de plumes blanches. — Il s'avance vers Berlaudier.) Ah! drôle ! ah ! misérable coquin ! tu m'as assez fait courir... Onze lieues sur un mulet, je suis dans un état... Enfin, je te tiens !

BERLAUDIER, gaîment.

Et je n'en suis pas fâché. Voilà deux jours que je guette cette occasion solennelle pour vous remettre une lettre de recommandation.

(Il tire une lettre de sa poche.)

CAVAILLES.

Pour moi ?

ARMANDE, s'avançant.

Lisez-la, mon oncle... Je ne sais quoi me dit...

CAVAILLES, stupéfait à la vue d'Armande.

Ma nièce ici !...

PORQUEROLLES, s'avançant.

Oui, monsieur le chevalier, un concours inouï de circonstances...

CAVAILLES.

Et vous aussi, Porquerolles !... Ah ça ! mais...

URGÈLE, s'avançant.

Figurez-vous, monsieur le maire.

CAVAILLES.

Et Urgèle !... J'ai des bluettes... Comment ?

BERLAUDIER.

Voici le fait, vénérable vieillard... J'étais parti de Brignolles, sous la garde de Fleur-des-Bois, un coquin...

CAVAILLES, le saisissant au collet.

Fleur-des-Bois ?

BERLAUDIER, retirant vivement la main de Cavailles.

Il avait remis le commandement à Pimprenelle.. deuxième coquin.

CAVAILLES, même jeu.

Pimprenelle ?...

BERLAUDIER, même jeu.

De son côté, Mlle Armande s'était mise en route suivie de M. Porquerolles, un autre...

CAVAILLES, même jeu.

Comment ?

BERLAUDIER, même jeu.

Sans son aveu,.. ceci est notable. Alors Fleur-des-Bois a séduit le postillon qui s'appelait Serpolet... quatrième coquin !

CAVAILLES.

Fleur-des-Bois, Pimprenelle, Serpolet !

BERLAUDIER.

Vous savez tout, maintenant !

CAVAILLES.

Mais je ne sais rien. Quelle est cette épopée d'herboriste ?

BERLAUDIER.

Pour achever de vous éclairer, lisez la lettre du président Lachassaigne, qui me recommande à votre protection.

CAVAILLES.

Mon ami Lachassaigne me recommande un voleur ?... Comment ?... Quoi ?

ARMANDE.

Mais non, mon oncle, monsieur n'est pas ce que vous croyez ; c'est le meilleur et le plus honnête des hommes ; il nous a sauvées...

CAVAILLES.

Sauvées ! (Lisant.) « Mon cher ami, tes créan-» ciers ont obtenu jugement contre toi... »

PORQUEROLLES.

Grand Dieu ! ma lettre.

BERLAUDIER.

Pardon ! pardon ! je me suis trompé de papier... Voici l'autre...

CAVAILLES, continuant de lire.

« Si tu te maries, Adélaïde est décidée à t'en-» voyer tes trois enfans... »

(Porquerolles, voyant sa partie perdue, se sauve par le fond à gauche.)

BERLAUDIER.

Lisez l'adresse !... lisez l'adresse !

CAVAILLES.

A M. de Porquerolles... Est-il possible? Trois enfans !...

BERLAUDIER.

A son âge ! (Avec exclamation et comme s'il s'expliquait.) Ah ! dans le midi !...

ARMANDE, à Berlaudier.

Ah! monsieur, je vous dois plus encore que je ne croyais!... Mais qui donc êtes-vous?
(Les soldats de la maréchaussée reviennent, ils se groupent au fond.)

CAVAILLES, après avoir parcouru la seconde lettre que lui a remise Berlaudier.

Eh! parbleu, le neveu, l'héritier de mon ami le président Lachassaigne; le chevalier de Berlaudier.

ARMANDE.

Chevalier?

BERLAUDIER.

Oh! je ne tiens ni aux titres, ni aux *de*...

CAVAILLES.

Disciple de Jean-Jacques!...

BERLAUDIER, avec un sentiment comique.

Et de l'amour... depuis que j'ai vu Armande.

CAVAILLES.

Vous aimez donc ma nièce?

BERLAUDIER.

Comme un idiot, mon cher monsieur; je vous ai demandé sa main hier, en déjeûnant avec vous...

CAVAILLES.

Que d'événemens, bon Dieu!... J'ai peur de devenir imbécile; et vous voulez que dans ces circonstances déplorables j'aie une idée à moi?

BERLAUDIER, vivement.

Non, je n'exige pas l'impossible! mais dites oui, tout bonnement. — Si vous saviez nos projets... Vous serez tellement entouré de soins et d'égards que vous ne pourrez pas faire un pas sans vous cogner dessus... Vous en serez malade!

CAVAILLES.

Mais...

BERLAUDIER.

Ma femme et moi, nous vous appellerons mon oncle!... (Gaîment.) C'est un joli nom, ça... Ma vie entière sera consacrée à vous le donner.

CAVAILLES.

Mais...

BERLAUDIER.

Mes jours et mes nuits, je veux les passer à dire : mon oncle!... mon oncle!... (Regardant Armande.) Sauf... Enfin, nous réglerons ça. Je ferai des romances que j'irai chanter sous votre balcon en m'accompagnant de la *guibolle*; je n'en sais pas jouer, mais j'apprendrai.

CAVAILLES, attendri et lui tendant les bras.

Mon ami!...

BERLAUDIER, l'embrassant.

Mon oncle!.. Je commence... Mon oncle!... vous serez content!

CHOEUR GÉNÉRAL.

Mettons-nous en route,
Sans perdre un instant!
Le bonheur, sans doute,
Là-bas nous attend!

BERLAUDIER, au public.

AIR :

Les brigands ont tous fui... peut-être
Quelqu'un d'entre eux, dans ce public loyal,
S'est... faufilé, mais on peut le r'connaître
A l'instrument qui lui sert de signal.
Veillons-y bien! si quelque téméraire
Osait donner ce signal... effrayant,

(Avec force.)

Saisissez-le! qu'on le pende à l'instant!
Et qu'on l'apporte à monsieur l' maire!

CAVAILLES, parlant, avec force.

Oui!

BERLAUDIER.

C'est entendu! qu'on le pende à l'instant!
Avec permission d' monsieur l' maire!

REPRISE DU CHOEUR.

Mettons-nous en route, etc.

FIN DU CAPITAINE DE VOLEURS.

Nota. — S'adresser, pour la musique *exacte* de cet ouvrage, à **M. TARANNE**, au théâtre du Vaudeville.

Paris. — Imprimerie de BOULÉ, rue Coq-Héron, 3.

www.ingramcontent.com/pod-product-compliance
Ingram Content Group UK Ltd.
Pitfield, Milton Keynes, MK11 3LW, UK
UKHW021200140726
13695UKWH00005B/2250